市場って何だろう

自立と依存の経済学

松井彰彦 Matsui Akihiko

★──ちくまプリマー新書

302

目次 * Contents

本文イラスト　川口澄子

序章　依存先を増やせ

僕のゼミは理論経済学が専攻だ。英語で数学っぽい本を読んだりする。はっきり言って万人にお奨《すす》めできるゼミとはほど遠い。うちのゼミ生が「まついゼミに入ることにした」と友人に言ったら、「お前、Mだったっけ」と言われたらしい。

しかし、東大の理論経済学のゼミ生といえども、所詮ペーパーテストの成績が良かっただけの人間だ（もちろん、僕だってそうだ）。仙人のように霞《かすみ》を食って生きているわけでもなければ、恋愛をしないわけでもない。ゼミ生をもてる・もてないの基準で選んでいるわけではないので、もてる奴もいれば、もてない奴もいる。え、なんでそんなことまで知っているかって？　それはゼミ合宿の夜の情報交換会（通俗的には飲み会とも呼ばれる）ってやつで、みんなが語ってくれるのだ。

女子学生が言う。

「私、今つき合っている人がいるんです」

僕が訊《き》く。

「ふうん、同じ学年？」

「いいえ、もう社会人で」

「へえ、じゃあデートは週末かな？」

「いいえ、しばらく前に海外転勤になってしまって」

「あら、じゃあ遠距離恋愛だ（遠距離恋愛は長続きさせるの難しいよ）」

　すると、僕の心を読んだように言う。

「先生、今〝遠距離恋愛は長続きさせるの難しいよ〟って思ったでしょう？」

「えっ、そんなことないよ」

「そうですか。でも先生のご本『高校生からのゲーム理論』には、前に同じような話を聞いて先生がそう思ったって書いてありますよ」

「えっ、そうだっけ？」

と完全に守勢に回る。すると、彼女がうれしそうに言う。

「先生のころとは事情が違うんですよ。今はスカイプもＬＩＮＥもあるから、毎日顔を見ながらおしゃべりできるし、メッセージのやりとりだってしょっちゅう。毎朝モーニングコールまでできるんですよ。しかも基本的に無料《ただ》ですから。先生、今度あの本の冒頭の話、書き換えたほうがいいですよ。……あ、また何か考えてますね」

いろいろ考え始めた僕の心を見抜いたかのように彼女が畳み掛ける。

「いや、仲がいいならいいんじゃない」

「いえ、絶対に何か考えてましたよね。何ですか？　気になるから言ってください」

うわ、と思いつつ、一応答える。

「いや、毎日というのは逆に頻度が高過ぎないかな、と思ってさ。ほら、シカゴの有名な歌詞にも「恋人同士にも休日が必要」ってあるじゃない。つまり、お互いに離れる時間も大切だっていうこと。あまり、追いかけていると重い女になっちゃうよ」

その一言で急に思いつめたような顔になるゼミ生とたじろぐ僕。

「知っているんです。実はなんとなく避けられているような気がして。LINEもなかなか既読にならないし、返事はないし。私が追いかければ追いかけるほど彼は逃げていってしまうみたい。どうしたらいいのでしょうか」

（そんなこと僕にはわからないよ）と思いつつも、ここで話を止めるわけにはいかない。

「ジュリアン・ソレルって知ってる？　スタンダールの名作『赤と黒』の主人公なんだけど

さあ、最初の恋愛では相手を追いかけすぎて逃げられてしまうわけ。で、その次の恋愛では、失敗を繰り返さないよう、常に距離を置きながらつき合って相手の心を引き寄せるんだ」

と、話を続ける。


東大生だって誰かに頼りたい。でも、誰か一人に頼れば頼るほど、重たい人間になってしまって、相手は逃げようとする。追う女と逃げる男になってしまっては、どちらも不幸だ。もちろん、追う男なら重いを通り越して怖い。今流に言えば「ストーカー」である。

「身を捨ててこそ浮かぶ瀬もあれ、っていうでしょ。あまり彼氏に依存するより、勉強とかさ、少し依存先を増やしたほうがいいよ」

「何を言われているのかわかりません。依存したら重い女になるんでしょう。さらに依存先を増やしたら、もっと重い女になるじゃないですか」

「そう思うの？　依存先を増やせば重い女から自然と自立した女になれるよ」

「え、それは語義矛盾ですよ。だって自立の反対語が依存って先生もこの間おっしゃっていたじゃないですか」

「いやいや、依存先がたくさんあると、一つのものに重たくのしかかる必要がなくなるんだよ。その結果、大人のつき合いができる、というわけだ」

「なんか禅問答みたい」

「そう言うけど、僕らが研究している市場の本質的な役割は依存先をたくさん作ることでみんなを自立させる、というものなんだよ」

「そうなんですか。市場の役割をそんなふうに考えたことがなかったので、驚きます。それにしても、みんな、というのは本当にみんなですか」

「そうだよ」

「女性も？」

「もちろん」

「障害者も？」

「当然！」

「じゃあ、マイノリティのための市場ということですね」

「だから、みんなと言っているでしょう」

「でも、まさか障害者とエリートビジネスマンの両方をみんなの中に含めているわけではないですよね？」

「いや、そのまさかだよ。エリートビジネスマンも依存先を増やすために市場を必要としている、という意味では障害者と呼ばれる人々と同じなんだ」

「うーん、よくわからないけど、なんだか面白そうです。市場があると、依存先が増えるということですか。そして、依存先が増えれば自立につながると？」

「そう、その通り。実は市場の最も重要な役割は、様々な依存先をみんなに与えるところにあると思うんだ。依存先という言葉がしっくりこなければ、選択肢と呼んでもいい。いずれにせよ、おカネや価格云々《うんぬん》の話はむしろ二次的な重要性しかない」

「そうか。でも、なんとなくわかります。私も最近、彼が離れていくようで、そのことばかり頭にあって、それが逆効果だったのかもしれません」

「そう、思いつめるとよくないよ」

「少し気分が軽くなりました。でも、こういう話って、どこかで書かれています？　本とかあれば、気が楽になる人がいるでしょうし、私自身も読んでみたい気がするんですけど」

「いいや、まとまったものは書かれていないよ。確かにそうだね。市場に頼るのが大切という話をすると、結構「救われました」と言ってくださる主婦の方とかもいるし、本にまとめてみようかな」

というわけで書いたのが本書だ。

自立するためには依存先を増やすことが大切で、その依存先を提供してくれるのが市場だ。いきなり、そんなこと言われたってわけがわからない、と思われるかもしれない。もっともな話である。そもそも自立と依存は対義語だ。しかも、自立した大人だけに参加が許されているはずの市場が何と依存先を提供してくれるというから摩訶《まか》不思議である。

自立と依存の間にある深い関係を探ることで、市場経済の本質が見えてくる。逆も真だ。市場の本質を探っていくと、自立と依存の間の深いつながりが見えてくる。両者は単なる対義語ではないのだ。もちろん、序章だけでそのことを伝えられるとは思っていない（伝えられることができたら本書を書く意味がない）。急がば回れ。ここはまずじっくりと腰を据えて、市場の話から始めたい。

本書の第I部では、市場とは何だろうか、ということを考える。第一章で、『さるかに合戦』を枕に、共同体と市場の話をすることで、市場の性質を浮かび上がらせる。そして、市場を分析対象とする経済学とはどのような学問か、ということも考える。第二章も第一章の延長だ。国をまたぐ市場での取引を貿易という。なぜ、貿易は国を豊かにするのか。それにもかかわらず、なぜ貿易を制限したくなる権力者・政府がいるのか。その辺りことを考える。つぎに第三章で現代国家で無視できない政府と市場の関わりを見る。まず、僕たちの抱いている政府＝雲の上という見方を問い直すことから始める。ゲーム理論を使って、政府も市場を駆け回るプレイヤーという視点で政府と市場の関係を見つめ直してみたい。

第四章と第五章では、市場の力とその限界について議論する。第四章では、市場を過小評価もせず、過大評価もせず、市場に何ができて、何ができないのか、ということを考えよう。市場はときに僕たちが守っていかなくてはならない存在だ。市場はどのような意味で弱く、どのように僕たちが守ることができるのか。それを考えるのが第五章のテーマである。

第Ⅱ部は経済学にとっても未知の領域に入っていく。市場は多くの場合、「ふつう」の人を想定して成り立っている。でも、そうすると、「ふつう」って何だろう、という疑問に突き当たる。第六章で、まず「ふつう」の人のために造られた市場で、「ふつう」でない人たちがどのように生きづらさを感じているか、という問題を浮き彫りにしたうえで、第七章は、「ふつう」でない人々が感じる偏見や差別といった問題を市場との関連で読み解いていく。

第八章では、これまでの市場の話を踏まえて、自立と市場の問題を考える。本書の中心テーマでもあるこの問題を事例を使いながら読み解いていく。そして、第九章では僕たちを輝かせてくれる市場の話をしたい。市場の話の完結章である。

僕が障害と経済という研究プロジェクトチームに入っていることもあって、とくに第Ⅱ部ではしばしば障害者の事例が登場する。彼らは現在の市場経済において生きづらさをとくに感じている人々だ。ただし、もちろん、生きづらさや息苦しさを感じているのは障害者だけではない。子どもからエリートビジネスパーソンまで何らかの形で社会に自分を合わせて生きる過程で生きづらさ・息苦しさを感じることもあるだろう。子どもにはとくに選択肢が少ない。学校や家庭に順応できていれば問題ないが、そこでうまく適応できない子どもは逃げ場がなくなってしまう。エリートビジネスマンですら例外ではない。高い給料と約束された将来を「人質」に取られ、彼らはストレスで身体が悲鳴を上げても働き続ける。

その生きづらさ・息苦しさは、もしかしたらあなたに必要な市場が欠けているせいかもしれない。市場がないと多様な依存先を確保できないからだ。生きづらさ・息苦しさを減らすためには、他の人たちのためではなく、あなたが頼れる、あなたのための市場が必要だ。

さあ、あなたのための市場を探しにいこう。なければ創ればいい。まずはいっしょに探検だ。いざ、市場の旅へ！

第Ⅰ部

市場とは何だろうか

第一章　共同体と市場

◆人はひとりでは生きられない

人はひとりでは生きられない。例えば自分は一匹狼《いっぴきおおかみ》だと思っている人でも、あるいは引きこもりがちの人でも、何かを食べて生きている。その食べ物のほとんどは、いろいろな人が作り、運んだものだ。自給自足を標榜《ひょうぼう》する人ですら、ひとりで家を建て、鍬《くわ》や鋤《すき》を作った人はまずいないであろう。私たちは他の人と関わりあいながら生きているのである。

もちろん、そのなかには親と子どもの縁のように切っても切れない関わりあいもあるし、会社の同僚といったもう少し緩いものもあるであろう。いずれも顔の見えるつながりである。

逆に顔の見えないつながりもある。現代社会では、私たちは市場を通じて世界中の人とつながっている。あなたが買った靴に使われているゴムはインドネシアで採れたものかもしれない。そのゴムを採集した人はそれとは知らずにあなたとつながっているわけだ。そのゴムを使い作られた靴は米国でも売られ、大統領も履いているかもしれない。

顔の見える関係から顔の見えない関係まで、様々なつながりを読み解く学問こそ、経済学だ。つながり方には様々なものがある。力ずくで相手から奪う社会、それを防ぎつつ、顔の見えるつながりを中心に据える社会、そして顔の見えないつながりが中心となる社会。それぞれの社会を童話も用いながら見ていこう。

◆さるかに合戦――力ずくで奪う社会

日本人で「さるかに合戦」を知らない人は少ないだろう。おむすびを持っていたカニが、猿と交換したのは柿の種（せんべいではない）。畑にまいて一生懸命に水をやり、ようやく柿の実がなる。柿が取れないカニは猿に柿を取ってもらおうとするが、猿は自分だけ食べた後、カニに熟していない柿を投げつけて殺してしまう。

泡を吹いて倒れたカニからぞろぞろと出てきた子どもたちは親のあだ討ちに立ち上がり、途中、栗《くり》、蜂、石臼、牛糞《ぎゅうふん》といった助っ人を得て、猿の家に向かう。そして、首尾よく猿を退治してしまうのだ。

一七世紀の哲学者トマス・ホッブズは『リヴァイアサン』で、自然状態においては、人間は万人に対する闘争を繰り広げると述べ、秩序維持のための王権強化の必要性を説いた。自然状態では、協力関係の構築も難しいため、正に弱肉強食の地獄絵が立ち現れる。目の前に食べ物があったら、早い者勝ちだし、強ければ猿のように他人の物を奪ってもかまわない。このような状態では、善も悪もない。そこには、ただ強い者と弱い者、勝者と敗者がいるだけである。

自然状態では、強い者は、弱い者に努力させておいて、その果実を猿のように横取りするのが一番得をする。種をまいて実がなるのを待ってなどといったカニのような悠長さでは、実がなったころに横取りされてしまう。誰も他人に横取りされるモノを努力して育てようとしなくなるため、社会の生産性は低い水準にとどまってしまう。

それにしても、猿は浅知恵だった。もしかしたら『リヴァイアサン』の「万人の万人に対する闘争」のくだりだけ勉強して育ったのかもしれない。あだ討ちされてしまうくらいなら、あのような強欲なことはせずに、カニから少しだけ分け前をもらうことで満足すべきであった。

一方でホッブズも、「さるかに合戦」を読んでいたら、王権の強化だけが唯一の答えでないことに気づいたかもしれない。「さるかに合戦」、恐るべし。

◆顔の見えるつながり——共同体

ホッブズは、国家秩序が乱れる時代に生きたため、秩序のない社会を透視しつつ、秩序の重要性を訴えた。「自然状態」が歴史的に存在したか否かはともかく、自然状態に耐えられない人々は、国家よりもまず協力し合う集団——共同体を形成する。共同体では、協力してモノを作り分かち合うと同時に、相手にとって有用なモノを与え、相手からは自分にとって有用なモノをもらう。

共同体の本質は、一定の集団の人間が毎日顔を合わせるところにある。今日限りの関係であれば、得られた食べ物を自分だけの物にしてしまってもそれっきりだが明日も顔を合わせるとなれば、話が変わる。今日横取りをすれば、明日はしっぺ返しを食らうから、つき合いはあくまでも互恵的——つまり、お互いさまでなくてはならない。近年に至るまで、何を誰にもらって何をあげたかを克明に記録していた庄屋《しょうや》があったというが、お互いさまの取引には、そのような記録や記憶が欠かせない。

お互いさまの取引のルールを破る者には、秩序を維持するために、共同体ぐるみで罰を与えることもある。「さるかに合戦」では、ルールを破った猿はカニの子どもたちだけでなく、栗や蜂、石臼、そして牛糞によっても罰せられるのである。

共同体の中では、信頼と協調の関係が支配的でも、共同体から一歩外へ出れば、見知らぬ者同士の弱肉強食の関係が待ち受けていた。強い共同体が弱い共同体を傘下にしながら、共同体は次第に大きくなっていく。

それでも、共同体がお互いに顔見知りの小さな共同体の複合体であるうちは、互いによそ者を排除することで、仲間はずれにされた者は行くところもなく、大きな不利益を被る。また、共同体では大した理由もなく、偉そうな顔をしている人間が跋扈《ばっこ》する。「あの人に逆らうと大変だぞ」とみんなが思っていると、実力がなくともみんながそう思っているという理由だけでのさばる輩《やから》がいるのである。

しかし、共同体がさらに大きくなって、もうお互いの顔も分からないくらいになると、秩序を維持しようとしても、これまでの罰し方では難しくなってくる。顔見知りがいないところへ逃げてしまえばよいからである。

共同体からの脱皮は都市の誕生とともに始まる。

◆顔の見えないつながり――都市経済

人々が集まり、お互い誰が誰だかわからない状態になったのが都市である。都市では顔の見える関係はもはや一部でしかない。多くの人は明日再び会うかどうかわからない見知らぬ人である。人間の欲求が多様化して、さまざまなものが作られるようになると、小さな集落よりも大きな集落、そして大きな都市のほうが、より暮らしやすくなってくる。ひとりの人間がさまざまなモノを作ると、いたって効率が悪くなるため、モノの種類や豊富さは、人数に左右されるからである。

半面、顔が見えない関係が増えることで、問題も発生する。共同体では、長期的な関係に基づく相互監視が自然状態を克服するために使われたが、都市では、そのような機能は著しく限られる。それに代わるのが、法であり、それを作り、守らせるための権力機関が登場する。

そのような都市では、共同体のような記録や記憶だけでは取引がおぼつかない。かといって、物々交換では、互いに相手が欲しがるモノを持っていなければ取引が成立しない。誰でも受け取ってくれるモノ、貨幣が登場することになる。

古くは、世界四大文明の一つ、メソポタミア文明において貨幣が使われたとの記述がある。かのハンムラビ法典もメソポタミア文明の産物である。

貨幣の本質は記録や記憶を代替している点にある。取引の記録をすべてつけて見返りを期待する代わりにその場で貨幣を受け取ってしまう。あるいは渡してしまう。それによって、誰に何をどのくらいあげたかをいちいち記録する必要がなくなる。この本質に鑑みれば、貨幣は貴金属である必要はなく、米や紙切れでもかまわない。

顔の見えない取引はこのように、顔が見えない都市という場に浸透していくことになる。顔が見えない取引は、顔で差別しない取引でもある。都市でモノとカネを交換する商人たちは早くから、つまり例えば年齢とか性別とかハンディの有無とかで人を差別しない行動規範を身につけたのである。

◆厳しさと自由と――闇市

大阪北浜で育った父から買出しの話をぽつぽつと聞いたことがある。父の集団疎開中に空襲で家を失った一家は、戦後尼崎に移り住み、子どもだった父も買出し隊の一翼を担ったという。疎開時のひもじさのせいか、父の話からは辛さだけではなく解放感が伝わってきた。僕は「〇〇横丁」のような雑多な場所を思い浮かべた。

終戦直後、東京や大阪などの大都市では闇市が存在していた。マイク・モラスキー編『闇市』によると、「闇市とはそのような〈場〉を指すだけでなく、戦中戦後の日本社会全体に浸透する〈経済流通システム〉を指す言葉でもあった」という。「特定の違法の場所（イチバ）、そしてもっと抽象的な違法の経済流通制度（シジョウ）、である」

そのように闇市をシジョウとして捉え直せば、それは終戦直後だけではなく、戦前戦中から存在していた。それを描いているのが、小説家、鄭承博《チョンスンバク》による「裸の捕虜」（『闇市』所収）である。朝鮮人主人公が戦中に〈イチバ〉を越えて遠方に「買い出し」に行く。警察の目を盗みながら農家などをひそかに巡る。通常、私たちが思い浮かべる闇屋と異なり、あくまでも勤め先の仕事として回るのである。

闇市の「闇」は統制側から見た物言いである。「闇」は全ての人にとっての闇とは限らない。『闇市』所収の最後の一篇《いっぺん》、中里恒子《つねこ》「蝶々《ちょうちょう》」が象徴的だ。海軍長官夫人だった主人公の薩摩《さつま》富久子の人生は敗戦とともにひっくり返る。夫は野心も威厳も失い、引きこもり生活に陥る。そこで彼女は、「仕様がない、こうなったら、もうあなたは使い途《みち》がなくなりましたね、あたくしが世間へ出ることにしますからね、一切口出しをしないでくださいまし」と宣告し、以前の家庭内の力関係を逆転させる。そして、夫の部下だった少佐と闇市でやきとり屋の屋台を始める。世間的には「落ちぶれた」元長官夫人だが、彼女は何よりも大切なものを得た。自分らしさ、である。その解放感が素晴らしい。「まぶしい白日のように輝き、「冷涼さが、顔面に満ちているのである」

「闇」に飲み込まれる者、「闇」に出会って初めて自ら光り輝く者。そこには統制とは正反対の厳しさと自由がある。僕が未《いま》だに「○○横丁」に魅かれるのは、子どものころ聞いた闇市の話に過酷さだけでなく自由の香りを感じたせいかもしれない。

◆SMAPと小林幸子――新しいシステムの登場

現在でも共同体的な営みを行っているところは数多くある。企業も中をのぞいてみれば一種の共同体だし、芸能界のようなお互いの顔が見える世界もそうである。そのことはしばらく前の人気グループSMAPの解散劇でも顕《あら》わになった。

二〇一六年初頭、中居正広らの「謝罪」によって、SMAPの解散が一時回避された。TVでの街頭インタビューは、「解散しなくてよかった」とのコメントで埋め尽くされた。菅《すが》官房長官も記者会見で、「メンバーの皆さんが一堂に会して解散しないことを表明したということで、本当によかったのではないか」と述べた。同じころネットでは、同じ「謝罪」場面を「公開処刑」と評する書き込みや、独立を阻止する事務所の行動を批判する声が目立った。一連の騒動を、共同体と市場のせめぎ合いの問題として読み解いてみたい。

日本ではタレントは多くの場合、特定の事務所に所属し、芸能活動を展開する。芸能界は厳しい。あるお笑い芸人の話によると、三〇〇〇人くらい活動中のお笑い芸人がいるとして、自活できるのは二〇〇～三〇〇人だという。いわゆるタレントと呼ばれる人たちも大同小異であろう。稼げるタレントが所属事務所にお金を落とし、稼げないタレントの食い扶持《ぶち》を賄う。このようなしくみを所属型システムと呼ぼう。

稼げるタレントに独立されてしまっては、事務所の存続、ひいては所属型システムが根底から揺らいでしまう。そこで、意図的か自然発生的かはともかく成立しているのが、「事務所から独立した芸能人は干される」という慣行である。この慣行は比較的閉鎖的ないし組織化された共同体では存続しやすい。閉鎖的な共同体で「裏切り」行為をした個人は、裏切った相手だけでなく、共同体全体から「村八分」にされる。それによって「裏切り」行為を抑止する。

「村八分」という制裁は罰を与える側をも拘束する。「村八分」に参加しなかった成員は、逆に村八分の対象となってしまう。そのようにして、「村」の規範は守られるのである。

ＳＭＡＰ解散騒動は、芸能事務所とＴＶ局および芸能人からなる共同体が中居らの独立を「裏切り」と見なすことで抑止力を発動し、独立を阻止した事例と解釈することができる。また、共同体という旧システムに属するＴＶ局が抑止力発動に与したのは理の当然である。

TVの情報番組の出演者たちが騒動に対して当たり触りのないコメントをするのも、自分が「村八分」の対象とならないための行為と見ればわかりやすい。それに対して、旧システムに属さないネット民が公然とそれを批判したことも理解できよう。

所属型システムの壁は何も社会的に恵まれたタレントたちだけが直面する問題ではないし、古今東西不変のものでもない。日本の福祉業界で、つい最近まで採られていた措置制度も所属型システムと呼べるかもしれない。福祉サービスの受益者が利用する施設をどこにするかは行政が決める＝措置するという制度だからだ。これだと、どうしても当事者本人の意向が無視され、施設は行政の顔ばかり見るようになる。

このような所属型システムの対極にあるのが契約型システムである。こちらのシステムでは一回毎《ごと》に売り手と買い手が契約を結んで取引をする。形態としては市場におけるスポット的な売買に近い。二〇〇〇年代、多くの福祉分野で契約型のシステムへの移行が生じた。こちらは福祉サービスの受益者が福祉施設と契約を結んで利用するというものである。これによって、利用者によりよいサービスを提供しようというインセンティブが生じ、個性的、魅力的なサービス提供者が現れるようになった。

米国ではエンターテイメントの世界でも、俳優らが事務所に所属するのではなく、制作スタジオと直接契約を結んで労働を提供する。もちろん、契約型システムも万能ではない。一人ひとりの俳優の交渉力は弱く、搾取されかねないため、組合を作って制作会社側に対抗する。また、契約型システムでは、一部のトップスターのギャラが高騰することが知られている。それだけの価値を生み出しているのだから当然と考えるか、世の中は不平等だと考えるかは意見が分かれるだろう。もっとも、トップスターのギャラの高騰によって業界全体の発展に支障が生じてしまっては元も子もない。スター選手のギャラの高騰に悩むスポーツの世界では、様々な方策でチームの財政と個人の権利のバランスの維持に腐心している。

さて、日本の芸能界のような所属型システムを維持するためには競争環境、すなわち市場が存在しないことが前提条件となる。あるシステムからそれと競争関係にある別のシステムにすんなりと低コストで移動できれば、抑止力は働かない。村八分は村から出ることにコストがかかる場合にのみ有効な手段なのである。

競争的な環境はしばしば新しいシステムの到来によってもたらされる。小林幸子と「ラスボス」の事例を見てみよう。小林は二〇一二年の事務所の騒動以降、既存の所属型システムにおいて干されてしまった。長年に渡る紅白歌合戦出演も途切れてしまう。そんな小林を救ったのが新しいメディアであるインターネット、すなわち新システムだった。

衣装というよりは大道具に近い巨大な恰好《かっこう》が、ゲームのラストに登場する敵のボスを彷彿《ほうふつ》とさせることから、「ラスボス」の異名を取り、ネットでの人気が出始める。閉鎖的な旧システムから離脱した小林はネットという新しい市場に参加することで活路を見出す。

ネット民から絶大な支持を受けた小林幸子は、二〇一五年大晦日《おおみそか》の紅白歌合戦において既存のシステムへの復活を遂げる。SMAPも解散し、事務所を離れた三人はネットに活路を求めて活躍し始める。ネット市場という新システムがマスメディア共同体という既存のシステムを揺るがし始めた。既存のシステムが新システムを取り込んでいくのか、既存のシステムが新システムに駆逐されていくのか。しばらくは共同体と市場のせめぎ合いから目が離せない。

◆めがねのまちの物語

二〇一七年暮れ、眼鏡フレームの一大産地となっている福井県嶺北《れいほく》地方を訪れた。日本の眼鏡フレームの九五％以上がこの地域で作られているというから驚きだ。目的の一つが一〇〇年以上続く眼鏡フレーム作りの老舗、増永眼鏡株式会社を訪れることである。ここでは眼鏡フレーム産業生誕の様子を、藤岡陽子著『おしょりん』に沿って見てみよう。

今から一〇〇年と少し前、明治時代も後半、福井県生野《しょうの》の豪農だった増永五左衛門は村の人々の暮らしを何とかよくできないかと常々考えていた。そこへ、弟の幸八が大阪から戻ってきた。幸八はいちはやくトレンドを見極め、これからは眼鏡が必要な時代になるからと、兄五左衛門を説く。重い腰をようやく上げた五左衛門と幸八は村で眼鏡を作ってくれそうな大工の増永末吉の元に話に行く。ものづくりとはいえ、家と眼鏡では必要とされる技能も違いすぎる。そんな危ない橋は渡れないと末吉は頑《かたく》なに拒む。

そのとき、歴史を動かしたのは、末吉の娘ツネだった。幸八たちが末吉を訪ねたのは平日の日中である。そのとき、幸八は、小学校三年生くらいになるツネが家で遊んでいたのが気になった。もちろん、当時貧しい家は子どもを学校に行かせるとは限らなかった。しかし、末吉の家は子どもを学校に行かせないという選択をするほど貧しいとは思えない。聞くと、「授業についていくんが難しい」と退学を促されたらしい。

しかし、ツネの遊び方を見ていると、どう見ても利発そうだ。さらに聞くと、先生が黒板に書いた文字を写せないらしい。そこで、幸八は持ってきたサンプルの眼鏡を取り出し、ツネにかけさせる。

ツネは一言、「眩《まぶ》しい……」と言っていったん目を閉じる。末吉とその妻が顔を見合わせる。「おとっちゃんの顔が……いつもと違って見えるで」。

そう、読者のみなさんならもうおわかりだろう。ツネは頭が悪かったのではない。視力が弱くて黒板の字が読めなかったのだ。当時の福井では、「視力」という概念がなかったために、「文字が見えない子＝勉強ができない子」になっていただけなのだ。

眼鏡の力に感じ入った末吉が協力することになった。福井県の眼鏡産業が産声をあげた瞬間でもあった。

末吉が眼鏡作りに賛同すると、他に親戚の子らを集め、増永の眼鏡作りが始まった。大阪から眼鏡職人を呼び寄せ、その技術をマスターすると、次はより高い技術を持つ職人を連れてきて、眼鏡作りを定着させていった。やがて、帳場制を採ることで一期生たちが「親方」となり、独立し、帳場間で競い合う風潮が生まれたという。日本人の骨格に合わせたノーズパッドや軽量のチタンフレームでも先行する。紆余曲折《うよきょくせつ》を経ながらも、福井県は世界に冠たる眼鏡産地となる。

その戦略はOEMと呼ばれる他社ブランドのための受託生産が主であった。ここで、他社ブランドの受託生産（OEM）と自社ブランドの違いを説明しておこう。OEMは、自分の会社は黒子となって、他の企業の名前を冠した製品を作ることである。より有名な企業の名前で自分の製品を売るので、自分の名前を売る必要はない。その反面、ブランドの価値は相手企業のものとなり、自分の名前が消費者に知られることは少ない。また、ＯＥＭの供給先がＮｏと言えば突然大量の受注を失う。

自社ブランドはその反対だ。知名度が低いとなかなか売れないが、自分の名前で売るので、一旦売れさえすれば、消費者と直接やりとりできるし、ブランドの価値は自分のものとなる。また、突然大量の受注を失うというリスクもない。

福井県の多くの生産者はＯＥＭで伸びてきたが、それなりの品質のものをより安く製造できる中国の企業が台頭してくるにつれ、競争に負け、ＯＥＭの注文が減り、破綻する企業が増えてきた。これは福井の眼鏡産業にとって打撃となった。眼鏡産業に特化した専門誌、『眼鏡ＤＢ《データベース》』などによれば、一九九三年に六〇〇〇億円超あった市場（眼鏡一式、小売市場）は二〇〇九年には四〇〇〇億円を割り込んだ。ＯＥＭ市場に限界を感じた企業は日本製の眼鏡のよさを付加価値に転化するには自分たちのブランドの確立しかないとの結論に至る。

それは、増永五左衛門が創業した老舗、増永眼鏡株式会社にとっても同じである。自社ブランドの新展開を模索していた二〇〇九年に一九七〇年代のクラシックなスタイルの眼鏡を復刻したところ、フランスの有名店に取り上げられたこともあって大ブレーク。現在では欧米を中心に輸出が全体の過半数を占めるまでになった。

福井を一大眼鏡産地に育てあげた五左衛門が創った会社ということから、孤高の存在と見られがちな同社だが、五代目社長の増永宗大郎氏は言う、「例えば、部品に使う材料は眼鏡各社というよりは航空機のような他業種との取り合いになっています。眼鏡産業全体が伸びなくては価格交渉力もなくなります。そのためには切磋《せっさ》琢磨《たくま》が必要なのです」。

ものづくりはひとづくりでもある。増永の社是に、

当社は、良いめがねをつくるものとする。

出来れば利益を得たいが、やむを得なければ損をしてもよい。

しかし常に良いめがねをつくることを念願する。


とある。損失が気になると製造工程に不具合があってもごまかそうとする。それを諫《いさ》める言葉だという。「ウソをつくな」、「他人のせいにするな」。いずれも何かをつくるときの原点である。

そして、目線の先には常に私たち消費者がいる。増永社長は「弊社に限らず、店に入って

相談してほしい」と言う。彼らにとって市場とは、消費者である私たちと対話する場であり、眼鏡のファンをつくる場である。否、彼らはそういう市場をつくっている。やまと言葉なら「いちばづくり」と言ってもよい。

ものづくり、ひとづくり。それらが渾然一体《こんぜんいったい》となって「いちば」がつくられ、「まち」がつくられていく。「まち」は共同体でもある。市場を通じて共同体が作られることもあるのである。そして、いちばやまちの主役は常にひとだ。ひとが主役のまちは旅人にもやさしい。最後に立ち寄ったお店の方は列車時刻に遅れそうだからと、軽自動車で駅まで送ってくれた。改札をくぐると列車が滑り込んできた。

◆経済学とは何だろうか

自己紹介で経済学者だと言うと、「来年の景気はどうなりますかねえ」といった質問を受けることがよくある。「それは理論物理学者に気象の長期予報を聞くようなものです」と答えることにしている。私の専門は理論経済学であって、景気予測ではない。そう答えると怪訝《けげん》そうな顔をする人が少なからずいる。経済学とは何か。問うのは易しいが、答えるのはむずかしい。経済学者と言われる人が十人いれば、最低でも十個の答えが返ってくるだろう。

経済学がゲーム理論などの援《たす》けを借りて、大きく拡《ひろ》がったのがその理由の一つだ。なかには、僕のようにうまく答えられない経済学者もいるかもしれない。そんな僕でも、経済学にとって市場は大切な分析対象ですか、と聞かれれば即座に「はい」と答えられる。うまく答えられないほど拡がった経済学を用いて、市場を問い直してみたい。それが本書の目的だ。

とはいえ、どこからか始めなくてはならない。そこで、まず「経済学」の語源から読み解いていこう。明治・大正期の法学者、穂積陳重《ほづみのぶしげ》『法窓夜話』によれば、経済学が日本に「輸入」されたのは明治維新前夜の慶応三年（一八六七年）である。英国人イリスの著書『ポリチカル・エコノミー』の和訳が『経済小学』として出版され、その際に、「エコノミー」の訳としては、「経国済民」（国を経《おさ》め、民を済《すく》う）から「経」と「済」の二文字がとられ、「経済」となったという。一方、元の「エコノミクス」の語源は遠く古代ギリシャの「オイコノミクス」に遡る。これは「オイコス」（家）と「ノモス」（秩序）の合成語で、「家政学」などと訳されるが、当時のオイコスは力のある市民が所有する領地のようなものであり、他の市民や奴隷たちが住む共同体であった。「オイコノミクス」は共同体のあり方を考える学問の萌芽《ほうが》と見なすこともできる。

社会が変わり、都市ができるにつれて、共同体の役割の一部――モノのやりとり――は市《いち》場《ば》で行われるようになっていく。正に都《みやこ》の市《いち》である。「オイコノミクス」は「エコノミクス」となり、共同体の分析から市場の分析へとその軸足を移していく。

エコノミクス＝経済学というと、その実学的な側面が強調され、景気がどうの、金利がどうの、といった議論ばかりが紙面を飾るが、本来は人間の本性を追究しようという極めて根源的な問いかけを行う学問である。

実際、社会の中で自分を活かすために何をすべきか、大学入学後の僕は暇があるとそんなことばかり考えていた。しかし、社会のために自分を犠牲にするという道徳観を持ち合わせていなかった僕は悩んだ。自己犠牲の精神が希薄な僕は「悪い」人間なのだろうか。社会に貢献する人は自己犠牲に富んだ人ばかりなのだろうか。

いろいろな本を読む中で、経済学の祖と言われるアダム・スミスが著した『諸国民の富』に魅せられた。スミスは言う、「われわれが自分たちの食事を期待するのは、肉屋や酒屋やパン屋の仁愛にではなくて、かれら自身の利益に対するかれらの顧慮に期待してのことなのである」。

自分のために生きることが結局社会の役に立つ。そうスミスは説く。一八世紀、キリスト教の教条的道徳観から人々を解き放ったスミスの言葉は、同じように僕を妙な道徳観から解き放ってくれた。僕は経済学を志すことに決めた。

後に明治の文豪、夏目漱石《そうせき》も同じ苦悩を抱えていたことを知る。『私の個人主義』の中で、「自己本位という言葉を自分の手に握ってから大変強くなりました」という漱石は、国家主義が喧伝《けんでん》される中、それに反論する。「豆腐屋が豆腐を売って歩くのは、決して国家のために売って歩くのではない。根本的の主意は自分の衣食の料を得るためである。しかし当人はどうあろうともその結果は社会に必要なものを供するという点において、間接に国家の利益になっているかも知れない」

経済学は自己本位の個人を仮定して社会システムを論じるため、しばしば人々の利己心を正当化する道具のように語られる。しかし、自己本位と利己心は似て非なるものだ。経済学のいう「自己本位」の個人とは、漱石によれば、他人の個性を認めつつ「自己の個性の発展を仕遂げようと思う」人のことである。

『道徳感情論』の冒頭でアダム・スミスは次のように述べる。「いかに利己的であるように見えようと、人間本性のなかには、他人の運命に関心をもち、他人の幸福をかけがえのないものにするいくつかの推進力《プリンシプル》が含まれている」。その推進力の一つである「共感《シンパシー》」とは「他人の苦悩を目の当たりにし、事態をくっきりと認識したときに感じる情動《エモーション》に他ならない」

という。

スミスの講義ノートにも直接当たりながらスミス研究を行うニコラス・フィリップソンによれば、講義ノートは人間が「物質的欲求に劣らず道徳的・知的・美的欲求によっても突き動かされていることを気づかせてくれる」（『アダム・スミスとその時代』）。

そのような人間像に立脚したうえで、スミスはその主著『道徳感情論』の中で、「体系重視の人間（マン・オブ・システム）は、自分自身がとても賢明であるとうぬぼれることが多く、……まるで、競技者がチェス盤のうえでさまざまな駒を配列するかのように、大きな社会のさまざまな構成員を管理できる、と想像しているように思われる。チェス盤の上の駒は、競技者がそれぞれに付与するもの以外に動き方の原則（プリンシプル）をもたないが、人間社会という大きなチェス盤の場合、それぞれの駒のすべてが、それ自身の動き方の原則——立法府が個人に付与するように決めかねないものとは、まったく異なる——をもっているなどと、彼は考えてもみないのである」と語り、個々人の行動原理の分析から始めて社会を読み解いていくことの重要性を強調した。そこにあるのは市場の科学ではなく、人間の科学であった。

以前、社会学者の上野千鶴子《ちづこ》さんに「あなたって、経済学帝国主義者でしょう」と言われたとき、「はい」と即答した。人間の科学としての経済学を発展させることで人間の営みを貫く社会の理《ことわり》を追い求めたい。そう考えれば、当然の回答だった。経済学は自立する個人――自分の頭で判断し、自分で行動する個人――を分析の核に据え、そういう個人からなる社会を考える。あくまで人間中心の学問なのである。

第二章　広がる市場――グローバル市場

◆自由貿易と保護主義

身の回りを見渡してみよう。服は中国製、家の柱は北米産、食べようとしているパスタはイタリア産、ワインはチリ産という具合に多くの外国製品に囲まれていることに気づくだろう。石油などのエネルギーはその過半を海外からの輸入に頼っている。私たちの生活は外国のモノ抜きには成り立たない。それどころか、遣唐使の昔から、日本にとって貿易は必須のものだった。

経済学的に言えば、国境をまたぐモノの取引が貿易だ。国境という境目があるために、国家や政府は国内の取引に比べ、比較的容易に障壁を築くことができる。障壁を極めて高くした状態が鎖国であり、取り払ったのが自由貿易である。

貿易は国家の誕生とともにはじまる。否、それまで、国境がないときから続いていた取引が国境ができたことで、貿易と呼ばれるようになった、といったほうが正確だろう。

一九二九年に始まった世界大恐慌では、外からの悪い影響を遮断し、国内産業を守るため、障壁を高くする「保護主義」が蔓延《まんえん》した。しかし、人が一人では生きられないように、国も一国では生きられない。行き着いた先は第二次世界大戦だった。

経済学者の多くは、なるべく国の境目の障壁をなくして取引する方が、豊かになれると考えている。にもかかわらず、保護主義的な考え方は時代を超えて再び現れる。二〇一六年から一七年にかけて、アメリカ・ファーストを打ち出した米トランプ大統領は環太平洋経済連携協定（TPP）からの離脱を早々に宣言し、北米自由貿易協定（NAFTA）離脱も検討するなど、内向的な政策を展開しようとし、多くの米国民はそれを支持した。英国は、国民投票を行い、それまでのモノやヒトの移動の自由を捨てて、欧州連合（EU）からの離脱を決定した。

障壁を低くすればなぜ富をもたらすのか、それに対する反対論が消えない理由とは何か。貿易にまつわるいくつかの疑問を経済学を使い読み解いてみよう。

◆比較優位で考える

貿易を自由にしようという試みで有名なものに、北米自由貿易協定（NAFTA）がある。米国、カナダ、メキシコの三国間で結ばれた協定である。米国に比して経済力が圧倒的に劣るメキシコだが、一九九四年の発効以降、むしろ対米輸出によって経済発展を遂げてきた。しかも、対米輸出品目には、米国の方が生産性が高そうな機械・電気機器といった工業品も含まれている。どうしてこんなことが可能なのか。この現象を理解する鍵が「比較優位」の理論である。

この理論を知るために、まず「絶対優位」とでもいうべき概念をアインシュタインと秘書の例で説明しよう。真偽のほどは確認していないが、アインシュタインは秘書よりずっと早くタイプを打てたという。この時、アインシュタインは秘書に比して、タイプに絶対優位を持つという。ならば、秘書を雇う必要はないのだろうか。

そうではない。アインシュタインといえど無限に時間があるわけではない。研究に専念することで、より優れた成果を生みだすことができる。秘書は研究こそできないがタイプは打てる。秘書にタイプを任せれば、二人合わせると結果的に多くの研究と多くのタイプができるのだ。この時、秘書はアインシュタインと比してタイプに比較優位を持っているという。

自由貿易の原理もここにある。貿易を行うと、相手国に比較優位のあるモノの生産を任せられる。代わりに、自国に比較優位のあるモノは自国で生産する。すると、どちらも生産量が増えるのである。

比較優位の理論は人を活かすための理論でもある。僕が以前見学した栃木県足利《あしかが》市のココ・ファームというワイナリーでは知的障害者の方々がワイン蔵にあるワインのボトルを一日数回きっかり九〇度ずつ回転させたり、ブドウ畑で缶をたたいてカラスを追い払ったり、という作業を行っていた。これは誰にでもできる作業ではない。かれらがカラスを追い払い、ワインを回転させてくれるから、非障害者の人々はワインの販売など、別な仕事に専心できる。適材適所を踏まえた分業によって、作業効率が上がり、生産量も上がるのである。キャリア選択でも自分を生かせる道を探さなければならない。そして、比較優位の理論はその道が必ずあることを教えてくれている。

この比較優位の考え方を説いたのは一九世紀の経済学者デビッド・リカードである。彼は、たとえポルトガルの方が毛織物の生産とワインの生産の両方において英国より優れていても、労働人口は一定だから、英国はより優れている毛織物の生産に労働者を振り分け、ワインの生産はポルトガルに任せた方がいいと主張した。ポルトガルはワインの生産に比較優位を持っているからだ。

この点を数値例を使って見てみよう（表2－1）。労働者一人が生産できる量は毛織物なら英国が二トンに対し、ポルトガルは三トン、ワインなら英国が一キロリットルでポルトガル

	毛織物	ワイン
英国	1万人×1人2t =2万t	2万人×1人1kl =2万kl
ポルトガル	1万人×1人3t =3万t	2万人×1人4kl =8万kl
両国合算	5万t	10万kl

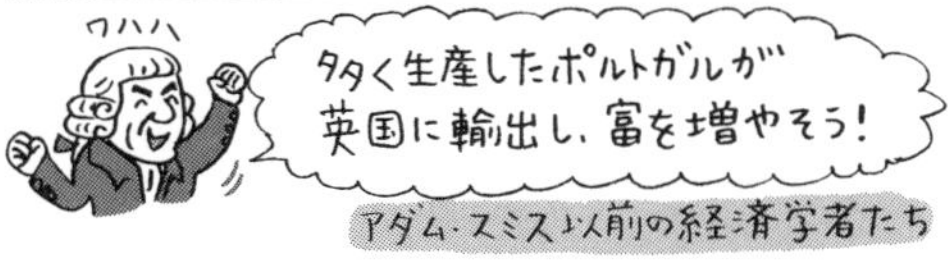

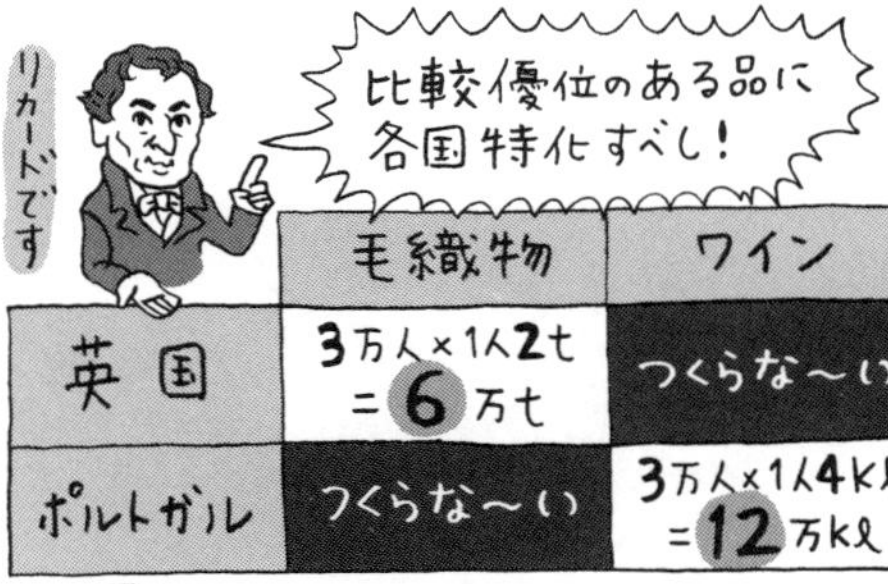

	毛織物	ワイン
英国	3万人×1人2t =6万t	つくらな〜い
ポルトガル	つくらな〜い	3万人×1人4kl =12万kl

表2-1　リカードの比較優位

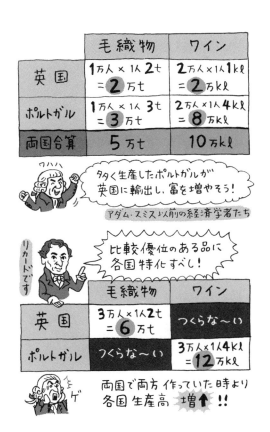

は四キロリットルとする。また、英国、ポルトガルのどちらの国にも労働者が三万人ずついるとする。

アダム・スミス以前の経済学者たちは、この場合、ポルトガルが毛織物もワインも英国より多く生産し、輸出する方がよいと唱えた。例えば、どちらの国も毛織物に一万人、ワインに二万人を振り分け、多く生産したポルトガルが英国に輸出し、貨幣を増やすことにより富を増やすという重商主義的な考え方だ。これだと、両国を合わせた生産量は毛織物が五万トン、ワインが一〇万キロリットルになる。

リカードは、英国はワインと比べて、比較優位のある毛織物の生産に専念（特化）し、ポルトガルは逆に比較優位のあるワインの生産に特化すべし、と唱えた。この場合、英国は三万人全員が毛織物生産に、ポルトガルは全員がワイン生産に従事することとなる。

この時、両国合わせた生産量は毛織物が六万トン、ワイン一二万キロリットルとなり、特化前よりも毛織物、ワインとも増えることになる。そして、これらの物を取引することで両国とも以前より豊かになることができるのだ

◆新陳代謝を促す

両国とも得をするならば、なぜ自由貿易を旨とするTPPやNAFTAに反対する人が出るのだろうか。この点を理解するためには、一国全体の利益とは異なる個人の利益を考慮に入れることが肝要だ。

引き続き、英国とポルトガルの例で考えてみよう。当初両国間に貿易がなく、英国、ポルトガルとも一対二の割合で労働力を毛織物とワインに振り分けていたとする。利潤などは考えず、価格は賃金だけを反映するとする。

英国の労働者の賃金が六〇ポンドとすれば、毛織物は一人二トン生産できるので一トン当たり三〇ポンド、ワインは一人一キロリットル生産するので、価格は一キロリットル六〇ポンドとなる。一方、ポルトガルは生産性の高さを反映して賃金が高くポンド換算で一二〇ポンドだったとすると、三トン生産できる毛織物価格は一トン当たり四〇ポンド、四キロリットル生産できるワインの価格は一キロリットル当たり三〇ポンドとなる。

ここで自由貿易を始めると、英国では自国より価格が高い毛織物をポルトガルに輸出しようとし、ポルトガルは逆にワインを英国に輸出しようとする。自由貿易前に比べ英国では毛織物生産者、ポルトガルはワイン生産者がより儲《もう》かるため、英国は毛織物に、ポルトガルはワインに生産がシフト、すなわち労働者が移動していく。

しかし、英国のワインの生産者が毛織物の生産者になるのがすぐには難しければ、自由貿易で英国のワインの生産者はポルトガル製に押されて、賃金が下がってしまう。一方、自由貿易を続けると価格は両国とも同じ水準に近づくため、毛織物は値上がりしてしまう。

日本に比較優位がないといわれる農業従事者がＴＰＰに反対するのは、理の当然なのである。

また、トランプ氏が大統領になる前、ＴＰＰの経済効果に関し、海外のシンクタンクが九兆円あまりのプラスがあるとの試算を示した。一方、農林水産省の試算では、国内農業は四兆円余りの損失が出るとしている。この農水省の試算を見てみよう。

試算では、コメについて、全体の一〇％にあたる高品質の国産米だけが生き残り、残りの九〇％は外国産米に置き換わるとしている。試算は極端との批判があるが、経済学的には比較優位を踏まえた生産のシフトを考えに入れていない点にこそ問題がある。

英国とポルトガルの例をもう一度取り上げてみよう。毛織物とワインに一対二で労働が分配されている英国で自由貿易を行った結果、比較優位のないワインの生産がゼロになると、従事していた労働者が失業し、経済効果はマイナスになる。

実は、国内産業の生産シフトや価格の変化がなければ、自由貿易の効果は必ずマイナスとなってしまう。関税や輸入制限の即時撤廃は一時的にこのような効果をもたらす可能性がある。そこで、TPPで提唱されているような猶予期間を設け、その間に生産のシフト、新陳代謝を進める必要がある。

もちろん、生産シフトに対応できない人が出てくるかもしれない。自由貿易で世界全体の生産量が増え、国も豊かになるけれど、比較優位にない産業の従事者は非常に大きな打撃を受ける可能性がある。個人の利益と全体の利益が異なるのだ。

では、日本はどうすべきだろうか。農業ならば、工業生産へのシフトは困難だとしても、高品質米や有機農業など比較優位にあるモノに特化する方法があるだろう。食の安全保障の観点からも、そのような生産シフトを促す政策が重要となる。

利益が相反する問題に直面した時、国の針路を決める政治家は、一部でなく国民全体の利益の代表者となることが求められる。そして、それを監視するのは私たち一人ひとりの役目なのである。

◆貧困からの大脱出

自由貿易を推し進めるとどうなるのか。その答えのひとつに「購買力平価説」がある。自由に輸出入ができる場合、売り手は高いところで売ろうとする。すると、お金同士の交換レートである為替レートで調整した後のモノの価格、つまり物価はどの国でも同じ水準になるという理論だ。

例えば、円と米ドルの交換レートが一ドル＝一〇〇円で固定されていて、米国で一個一ドルのハンバーガーが日本では二〇〇円で販売されているとしよう。この場合、日本で売る方が得なので供給が増え、日本での価格が一〇〇円に向けて下がっていく。

一方、現在のような変動相場制の下では、モノの値段の代わりに為替レートが動いて価格差が縮まることもある。ハンバーガーが代表的な貿易品だとすると、為替レートが一ドル＝二〇〇円に向けて調整される。これが購買力平価といえる。

変動相場制では、モノの価格差の調整よりも、為替レートの調整の方がずっと早く進み、物価水準の影響は見えにくくなる。

このところの為替レートの調整の説明として、金融緩和などが挙がる一方で、購買力平価は全く当てはまらないと言われたりしている。短期的にはその通りだが、長期的にみるとどうだろうか。

グラフ2－2は日米両国の企業物価指数を一九八一年を一〇〇とした推移だ。日本の物価指数はその時の為替レートで調整してある。バブル期の前後に大幅な乖離《かいり》が見られるものの、おおむね同じような軌跡を描いている。

水は高いところから低いところへ、モノは安いところから高いところに流れていく。貿易が自由に行えれば、この傾向は顕著になる。逆に障壁があると、購買力平価はその効果を発揮することができないのである。

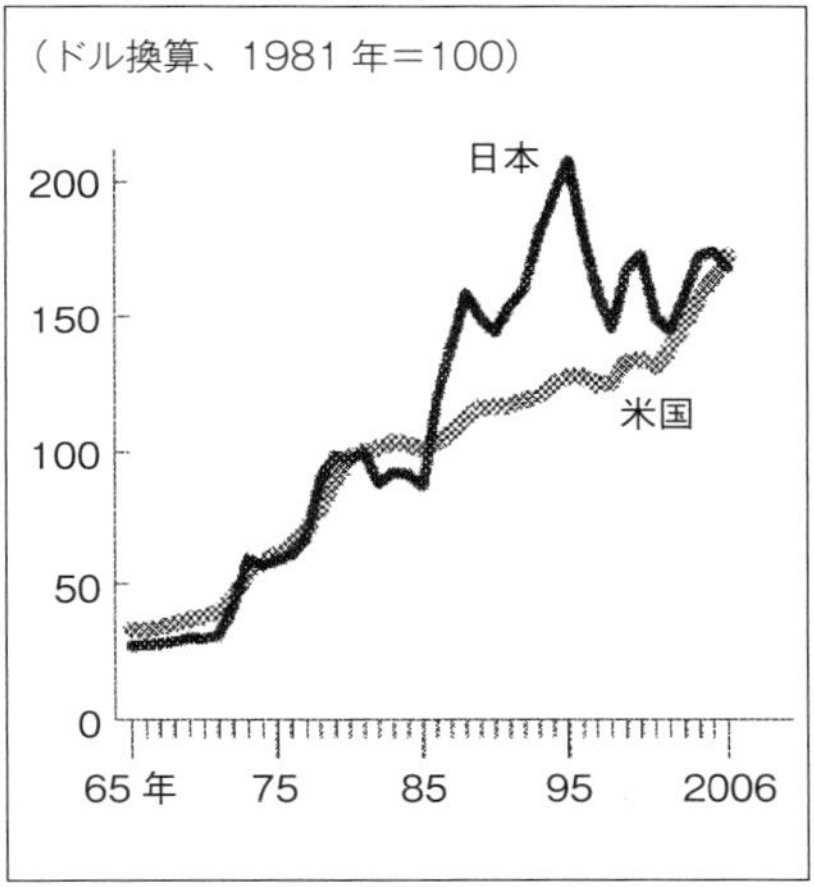

グラフ2-2　日米両国の企業物価指数

最近、中国の賃金率上昇に関するニュースをよく観《み》る。これは先進諸国の企業の中国進出による労働需要の増大のみが原因というわけではない。

自由競争、自由貿易が保たれ、一つの財のみ生産するというような特化が起こらず、技術条件が同一。こういった一定の条件の下では、資本の移動、あるいは労働力の移動がなくても、同じ能力を持つ労働者の賃金率は各国で均等化するという理論がある。いわゆる

「要素価格均等化定理」だ。ここでいう「要素」とは、生産に用いられる生産要素である労働や資本などを指し、その価格は賃金率や資本の貸借にかかる費用であるレンタル率のことを指す。つまり生産技術が同じであるならば、生産物が自由貿易できない地価や賃金のような生産要素価格も国際価格に均等化していく、という定理だ。

この定理に沿うと、仕事の内容が同じならば、日本で働いているという理由だけで高い賃金をもらうことはできなくなる。

仮に今、国内で働く中国人やブラジル人たちを本国に帰したとしよう。一見労働の供給が減って賃金が上がるように思えるが、貿易をしている以上、安い賃金で生産されたモノが日本に輸入されるので、国内で生産されるモノ、そして賃金も途上国と同じ水準に下がる圧力が働く。無理に賃金を高いまま維持しようとするならば、日本で生産したモノは売れず、失業が増えるだけだ。

要素価格の均等化は企業の海外移転などがあれば、当然加速される。資本が稼げない国から稼げる国へと移動するからである。それを禁じれば日本企業が潰れていく。

現実には、様々な前提が成立しないため、賃金率はなかなか均等化しない。しかし、長い目で見れば、途上国の教育水準が上がることで、労働者の賃金格差が縮まっていくのは避けられない。
ちなみにここでいう能力は試験の成績だけではなく、やる気、対話能力といった総合的な能力を指す。近年、僕が所属する大学院でも中国を中心とした能力の高い留学生が増えてきた。

しかし、と反論する声が聴こえてくる。現実には先進国と開発途上国の差は広がっているではないか、と。GDP（国内総生産）で見れば、確かにそうかもしれない。だが、ノーベル経済学賞受賞者であるアンガス・ディートンが著した『大脱出』は異なる見方をする。本書における「大脱出」とは、「人類による貧困と早すぎる死からの脱出の物語」である。

人類によるこの壮大な取り組みを評価するにあたって、ディートンは富と健康の双方に目を向ける。例えば平均寿命は、格差問題を加味した社会の豊かさを測るうえで、富の指標である国内総生産（GDP）よりも有益な指標かもしれない。富であれば、九九人の所得がゼロであっても、一〇〇億円稼ぐ人が一人いれば、一人当たりのGDPは一億円と算出される。格差はあるが、現存するどの国家よりも豊かな社会と見なされてしまう。

一方、平均寿命は長生きの人でも一〇〇歳、二〇〇歳を超える人はいない。先ほどの金持ちが一三〇歳まで生きたとしても、残りの九九人が三〇歳で亡くなれば、平均寿命は三一歳。

格差が原因で、現存するどの社会よりもみじめな社会となる。平均寿命には乳幼児死亡率や内戦の有無・激しさといったものも反映される。

平均寿命で見ると、ここ二〇〇年間の世界の「早すぎる死」からの脱出はめざましい。公衆衛生学者ハンス・ロスリングの作成した統計（グラフ2－3）によると、二〇〇年前、一八〇〇年前後の大英帝国の平均寿命は三九歳、最も寿命が長いオランダで四〇歳であった。それに対して現在（二〇一二年）、日本の平均寿命は八三歳である。さらに特筆すべきは平均寿命が短いことで世界的に問題となっているサハラ砂漠以南のアフリカ諸国の平均寿命は、エチオピアで六三歳、最も短いシエラ・レオネで五六歳である。

GDPで測った富も重要だ。グラフは横軸に一人当たりのGDP、縦軸に平均寿命をとったものだ。一見してわかるように、ばらつきはあるものの、一人当たりGDPと平均寿命の間には強い正の相関がある。

確かに今のままの経済発展は所得格差を生むだろう。しかし、乳幼児の亡骸《なきがら》の前で泣く母親や壮年期に一家の稼ぎ手を失って路頭に迷う家族が次第に減っている事実にも目を向けるべきである。

いくら国境に障壁をつくっても、長い目で見れば弥縫《びほう》策にすぎない。私たちは自身を磨き、

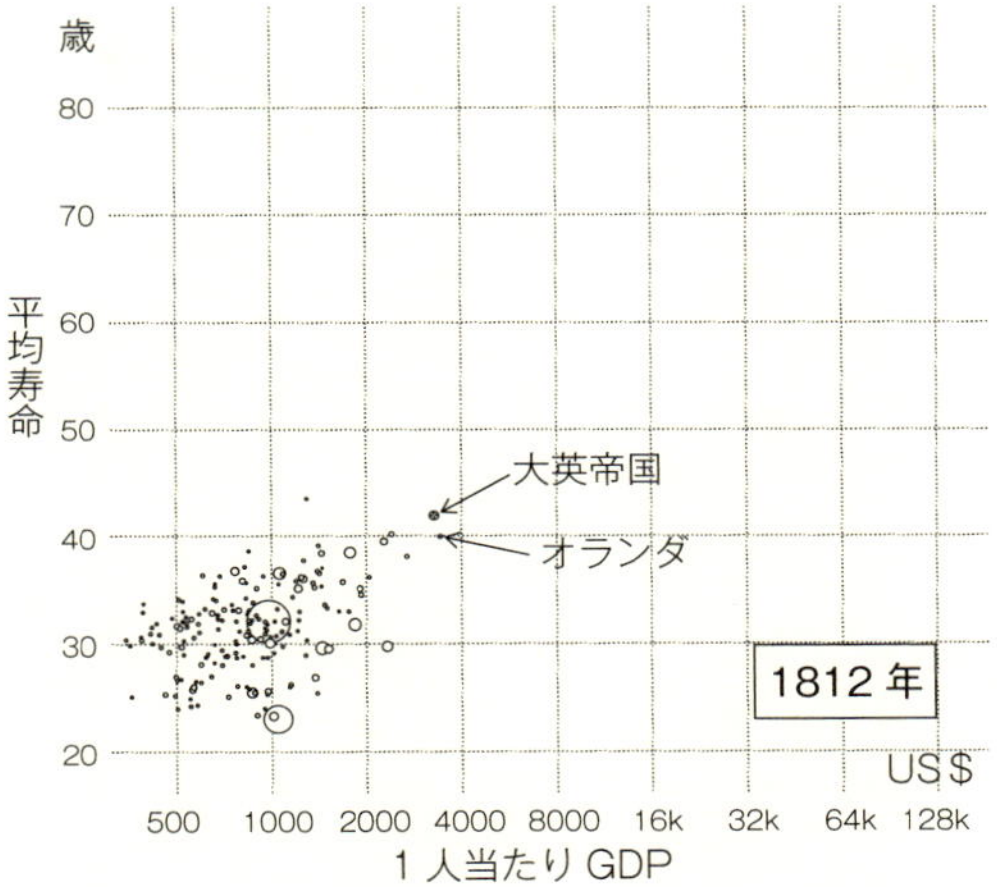

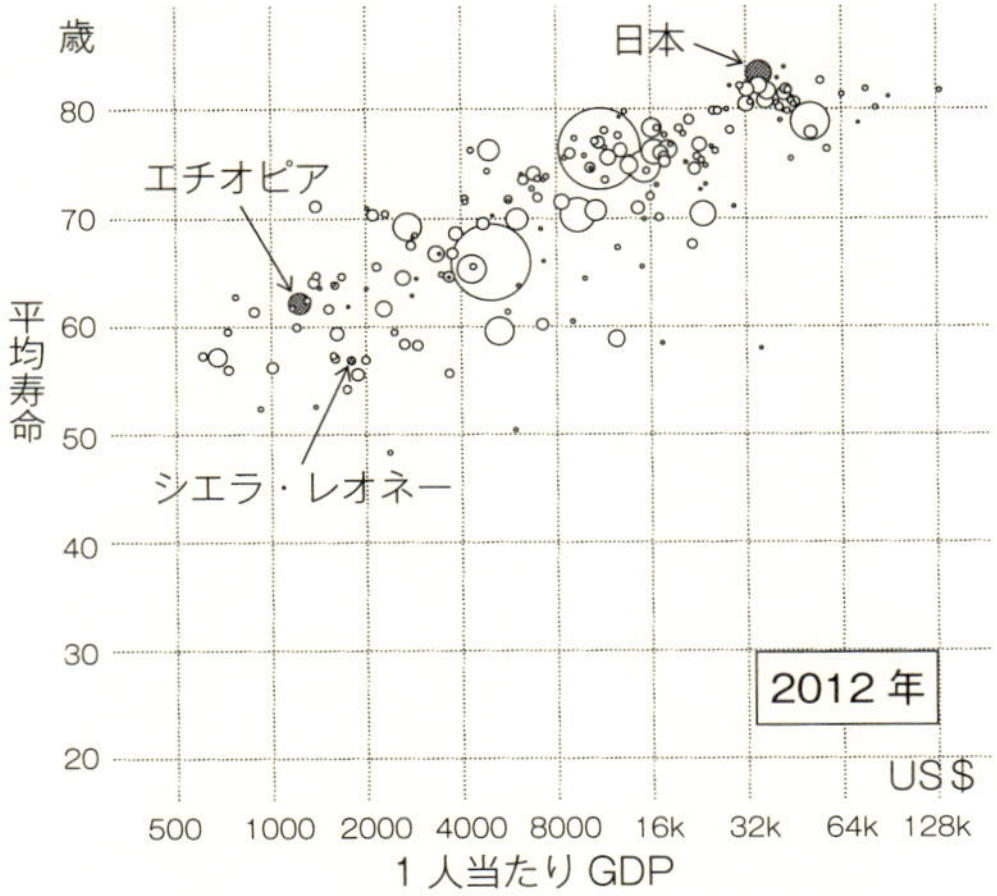

グラフ 2-3：上が 1812 年、下が 2012 年。グラフ上の正円は国を表し、円の大きさは人口を表している。

次世代を担う子どもたちを磨き、能力を高めていくことでしか、豊かな暮らしを維持できないということをいま一度認識する必要があるだろう。

第三章　政府も市場のプレイヤー

◆風土とお上

和辻《わつじ》哲郎『風土』は僕の愛読書だ。和辻は風土を「ある土地の気候、気象、地質、地味、地形、景観などの総称」と規定しつつも、それを「「自然」として問題とせず「風土」として考察しようとする」。自然が人間を規定するというよりも、人間の主体性を重視する。「我々は寒さを感ずる前に寒気というごときものの独立の有をいかにして知るのであろうか。それは不可能である」（傍点原文）。風土は自然現象なのではなく、社会現象なのである。

それを踏まえたうえで、和辻は風土の三類型を述べる。モンスーン、沙漠、そして牧場である。

日本を含む「モンスーン域の風土は暑熱と湿気との結合をその特性とする」。夏のジメジメした湿気は僕もほとほとまいってしまう。毎年台風や豪雨でそこここで災害が発生する。しかし、台風は恵みの雨をもたらす。雨はうっとうしいがこの雨が実りの秋に結びつくと大所高所に立って考えれば腹も立たない。

それに対し、沙漠において自然は死を意味する。人々は水の恵みを求めてさまよい、自然と戦い、他の人間とも戦う。また、牧場における自然は従順であり、制御可能なものであるという。

政府に対する態度も風土に表れている。西欧的な自分たちが管理する政府という考え方は自然を管理する彼らの気質そのものである。また、イスラムでは、政府はつねに屈服させられつつも、反抗すべき相手である。勝つか負けるか、食うか食われるかの闘争が展開する。

しかるに、モンスーン域はどうであろうか。少なくとも日本人は政府に比較的従順である。お上《かみ》の言うことをよく聞く。お上に可愛がられたほうがよい。「陳情」は正にお上のお情けにすがりにいくのである。お上はときに荒れ狂うが恵みをもたらしてくれる。否、政府を「お上」と呼ぶことそのものが、日本人の気質を表しているともいえよう。

お上は天から雨を降らせる雲よろしく経済に影響を与える。でもちょっと待てよ、お上って雲の上にいたかな、と首をかしげてみる。お上だって結局は人間の集まりじゃないか。気になってこれまでの論説を読み返してみると、「政府がこうすれば経済はこうなる」という論説ばかりが目に飛び込んでくる。

政府は確かにとてつもなく大きい。しかし、大きいということと雲の上にいて手が届かな

図3-1　市場では政府も民間も相互作用するプレーヤー

いということとは別問題である。政府はれっきとした経済の一員であり、市場というグラウンドを駆け回るプレイヤーである。

政府の行動＝政策は他のプレイヤー＝民間の経済主体たちの影響を受ける。両者の間に（政府⇕民間）という形の相互作用が発生する。そうなると、民間は政府の行動を読む際、自分たちの政府への影響といったものも考慮に入れざるを得ない。さらに言えば、政府も一枚岩にはほど遠く、内部でさまざまな駆け引きが繰り広げられる。このように一種囲碁や野球のような読み合いがなされるとき、伝統的政府観に基づく政府や民間の行動の分析では思いもよらなかった効果が生じることになる（図3－1）。ゲーム理論、すなわち戦略的アプローチが必要とされる所以《ゆえん》である。

◆「市場理論」と「ゲーム理論」

議論を先に進める前に、ここで「市場理論」と「ゲーム理論」という、今日の経済学を支える二つの理論的支柱に触れておこう（図3－2）。

理想的な市場では、人々はコストなしに市場にアクセスし、市場価格で売ったり買ったりすることができる。「市場理論」が想定する市場では、「市場」は需要と供給を一致させるよ

図3-2　経済学を支える２つの理論的支柱

うに価格を決めてくれるブラックボックスで、その中身は問わない。各人は市場とのみ直接つながっており、他の人とは市場を介して間接的につながっている。

一方、「ゲーム理論」が想定する市場は少し異なる。「ゲーム理論」の分析単位は個人と個人の交流というゲームである。この一対一のゲームをベースとして大人数からなる市場社会を考える。「市場理論」は「市場対個人」がベースであったのに対し、「ゲーム理論」は「個人対個人」がベースになるというわけである。

「市場理論」では、理論の性質上、顔の見えない取引関係が想定されている。もう少し正確にいうと、顔が見えたとしても、それで分け隔てをしないという市場規範が成立しているとしながら分析がなされる。

それに対して、「ゲーム理論」では、顔の見える取引関係が想定されている。そのため、顔が見えることによる長所も短所も分析の視野に入ってくる。

たとえば、第一章で挙げたように、共同体における「村八分」は顔が見えるからこそ可能な解決法である。偽装問題でも話題になった「顧客をだまさない」という市場規範を守らせるには、それを破った企業などを市場が罰することが必要だが、そのためには企業の顔が見えていなくてはならない。

現代国家では、市場の失敗を補完する役割を担うのが政府だ。市場と政府の関わりも「ゲーム理論」の研究対象となる。以下、その点を「ゲーム理論」の紹介を兼ねつつ見てみよう。

人は一人では生きられない。同僚、恋人、取引相手、さまざまな人間関係の上に人は生きている。どのような関係であれ、人と人とが出会う場では相手を読む――相手の立場や気持ちを考えるということが大切であることは言うまでもない。

政府だって同じだ。民間が政府を読むのと同じくらい、政府も民間のことを読まなくてはならない。しかし、問題はそれだけではない。政府が民間の動きを読もうとすれば、民間が政府のことをどう読んでいるかが必要になる。この読みのプロセスは考えはじめるときりがない。じゃんけんで、相手がグーを出すのならこちらはパーで、でもそれを読んでいる相手はチョキを出すかも、と考えはじめるときりがないのと同じである。

そのような読み合いが必要な相互依存関係を分析する学問が「ゲーム理論」である。二〇世紀前半、その創始者と言われるハンガリー生まれの天才数学者フォン・ノイマンは人間関係の分析を科学に仕立てあげようとした。そこで始めたのが、じゃんけんのような勝ち負けがあるゲームの分析である。

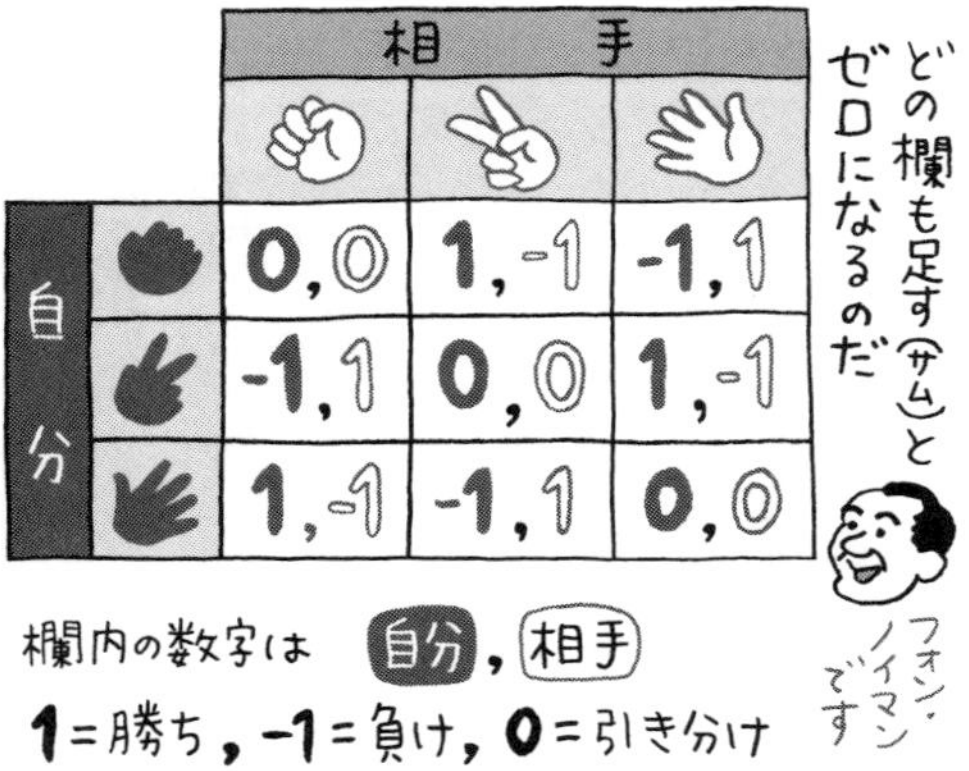

図3–3　ノイマンのゼロサム・ゲーム

図3－3はじゃんけんを戦略形という形式で表現したものである。各欄の左側の数字が自分の得点、右側が相手の得点である。この得点のことをゲーム理論では利得と言う。じゃんけんでは、どの欄をとっても両者の利得を足せばゼロになる。足して（サムして）ゼロになるからゼロサム・ゲームというわけだ。相手を倒せば自分が得するという状況は綱引きと同じでわかりやすい。わかりやすい状況の分析から始めよう、という方針である。

こうして産声をあげたゲーム理論は、二〇世紀も後半に入るとゼロサム・ゲームから大きく脱却して政治学、経済学、生物学といった分野にもぐりこんでいく。とりわけ経済学ではノーベル賞受賞者として純粋ゲーム理論家が三人（ナッシュ、ハーサニー、ゼルテン）、応用ゲーム理論家が三人（スペンス、アカロフ、スティグリッツ）を数えるほど、大きな分野を形成するに至るのである。

◆無理が通れば道理が引っ込む

政府と民間の間にもこのような関係が生じる。九〇年代、資源エネルギー庁（エネ庁）と石油精製業界の間で規制緩和論議が盛んに行われた。石油製品の安定供給は日本の生命線である。業界はそこを衝《つ》く。「規制緩和をすれば業界はつぶれるかもしれませんよ。そういう選択をするということですね」。企業の体質がどこまで改善するかは、エネ庁には読みきれない。うちは現状維持しかないのだから共倒れの結果に終わりますよ、とも読めるこの発言を真に受ければ、エネ庁は規制続行をしたほうがよい、ということになる。無理を通して道理を引っ込ませてはならない。何とか生き残るであろうと判断したエネ庁は規制撤廃を断行。その一〇年後、石油業界は再編を通じて生き残り、ガソリン価格なども低下。規制緩和が実る恰好《かっこう》となったのである。

図3－4はこの状況を表わしたチキン・ゲームと呼ばれるゲームである。ゼロサム・ゲームと異なり、各欄の両者の利得を足してもゼロにはならない。このゲームでは、相手が強引

にくるならば自分は妥協せざるを得ない。もし自分も強引に出ると、利得は0《ゼロ》となり、妥協した場合の利得1を下回ってしまうからである。逆に自分は強引に行くぞと威嚇して、相手から妥協を引き出すこともあり得る。妥協する弱虫（チキン）はどちらだ、というわけである。

その結果、チキン・ゲームには二つの安定的な点が存在することになる。一つはAが強引に振る舞い、Bが妥協するというもの。もう一つはその逆で、Aが妥協し、Bが強引に振る舞うというものである。いずれの状況からも、自分が戦略を変えれば自分が損をしてしまうという意味で安定的になっている。たとえば、（強引、妥協）の状況では、Aの利得が3、Bの利得が1だが、Aが自分の手を強引から妥協に変えると、利得は3から2に下がってしまうし、Bも自分の手を妥協から強引に変えると、利得は1から0に下がってしまう。お互いに最善手をとっていて、これ以上自分ひとりで自分の利得を高めることはできない、という意味で安定しているのである。ゲーム理論では、このような意味で安定的な点を提唱者の名前をとって、「ナッシュ均衡」と呼ぶ。

政府と民間の関係は親と子どもの関係である。弱った産業を助けようとする政府は泣く子をあやす親に似ている。あやせば泣き止むが、またすぐ泣き出す。泣けばあやしてもらえる

どっちが
弱虫《チキン》？
ゲーム!!
石油業界
妥協
強引
エネ庁
妥協
強引
2，2
規制続行！
けど緩和を
ちょこっと…
改善なら
ええかな
1，3
規制緩和したら
業界つぶれる
かもしれんで？
わかった、
妥協するワ
変えんとこうや
3，1
撤廃な！
規制
妥協
するしか
ないの
?!!
決まり
ポイ
0，0
規制を…
撤廃ッ
維持ッ
平行線に利なし
（X，Y）　X＝エネ庁の利得，Y＝石油業界の利得

図3-4　チキン・ゲーム

と子どもに思われてしまったら親としてはおちおち仕事も家事もできやしない。病気で泣いているのか、単なるわがままかを見分けるのがまた難しい。

もちろん親と違い、政府もそれほどお人よしではない。部下を何人も抱えた上司のようなものであるから、一企業が転んでもそうそう助けてくれない。しかしそうなると今度は政府の企業救済は横並び意識の助長を生み出す。一人がこけてもそいつのせいにされる。しかし、みんなでこければそれは政府のせいになり、政府が何とかすべき問題となる。実際、集団で危機的な状況に陥る度に政府があわてて対策を立ててくれるものだから民間としては当然それを予想して行動することになる。ではかれら民間企業はそのような予想の下でどう行動すべきか。簡単である。みんなから落ちこぼれないように、変なことをして一人だけ失敗しないように行動すべきである。

同じ原理は寄らば大樹の陰という風潮も生み出す。大きいところがまとまってこければ政府にとっても困ることになるから政府がなんとか救済してくれる。町の酒屋が何軒つぶれても政府は屁《へ》とも思わないが、巨大企業が一社つぶれそうになるだけであたふたする。こんな政府相手なら大きくなっておいたほうが得策だ。

日本経済にとって金融業も建設業も自動車産業もＩＴ産業も大企業も商店街の個人商店も

的屋の屋台もすべて大切なわが子である。政府は相手が大企業のときだけ、妥協するようなことをしてはならない。チキン（弱虫）・ゲームの弱虫の側に回ってはいけないのである。

◆インフレ・ゲーム

中央銀行が何よりも恐れるインフレ。そのインフレが止まらないトルコに行ったことがある。二〇〇五年四月のことだ。イスタンブールの空港で両替をする。驚いたことにゼロが六個もとれている。勉強不足だった、と反省。二〇〇五年一月にデノミネーションをして、一〇〇万トルコリラ（TL）が、一《いち》新トルコリラ（YTL）になったことを知らずにいたのである。店では、20と書かれたお札を払って、おつりに同じような大きさの1,000,000と書かれたお札をもらう。

トルコでは一九八〇年以降、二〇〇三年ころまでずっとインフレ率が三〇％を超えていて、遺跡の入場料も半年毎《ごと》に書き換えられる始末。EU加盟を視野に入れているトルコはなんとしてもこのインフレを退治したい。インフレは貨幣の価値が減っていく現象だから、通貨量（の増加率）を減らして貨幣価値を高めることが必要なのである。

しかし、みんながインフレを予想しているときにいきなり通貨供給量を減らせば、お金が充分に行き渡らなくなって経済は混乱する。悪くすれば恐慌になる。市中のお金が予想より少なくなれば買い控えなどが出てくるからだ。

困ったことに、政府にとっては、インフレ率を民間の予想より少し高くするのが最も望ましいことが知られている。予想を外れて、モノが高く売れると、モノを高く買わされたとしても、収入と支出の差額も大きくなって、儲《もう》けた気分になるからだ。

もちろん、民間は最適な行動を採るためにはインフレ率を正しく予想したほうがよい。だから、民間の予想よりも高いインフレ率を達成しようとする政府と正しいインフレ率を予想しようとする民間の間でいたちごっこのようなゲームが始まる。

図3－5のインフレ・ゲームはこの点をゲームの形で表現したものだ。実際にはインフレ率は無数の値を採りうるが、ここでは、三〇%を超えるような高インフレと一〇%以下の低インフレの二つのみ考えよう。政府は通貨量増加を通じて、インフレ率を上げるか、通貨量を維持してインフレを鎮静化するかの二つの選択肢を持つとする。一方、民間はその政府の動きを予測して行動するので、採る手としては、インフレ予測（の下での最適な行動）か沈静化予測（の下での最適な行動）かの二つの選択肢があるとする。

次に利得を定めよう。民間が正しく読んでいるという条件の下では、年率三〇%を超える

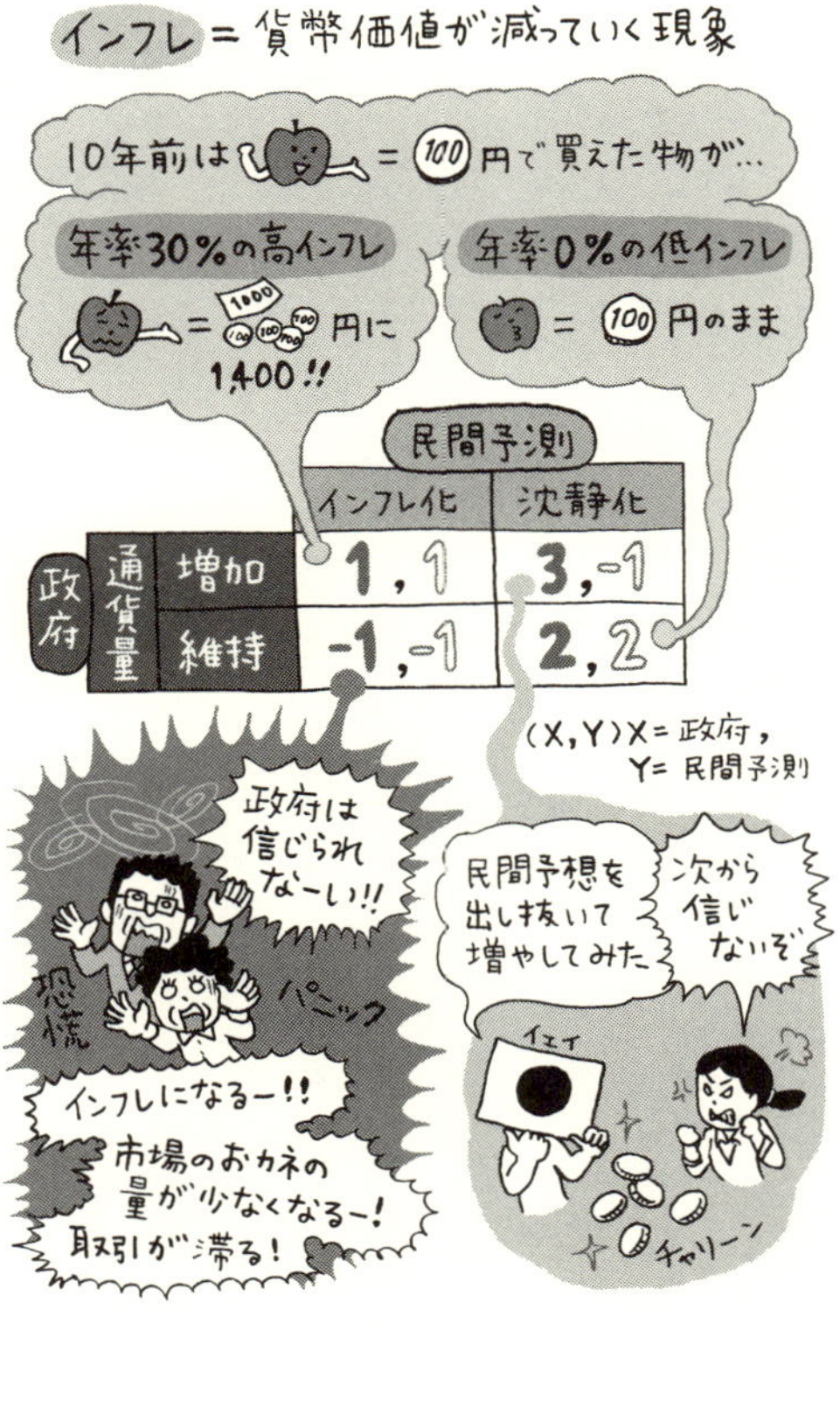
インフレ＝貨幣価値が減っていく現象
10年前は＝100円で買えた物が…
年率30%の高インフレ
＝円に
1,400!!
年率0%の低インフレ
＝100円のまま
民間予測
インフレ化
沈静化
政府
通貨量
増加
1，1
3，-1
維持
-1，-1
2，2
(X，Y) X＝政府，
Y＝民間予測
政府は信じられなーい!!
恐慌
パニック
インフレになるー!!
市場のおカネの量が少なくなるー！
取引が滞る！
民間予想を出し抜いて増やしてみた
次から信じないぞ
イエイ
チャリーン

図3-5　インフレ・ゲーム

ような高インフレよりも一〇％以下の低インフレのほうが政府にとっても民間にとってもよいから、（通貨量増加、インフレ予測）の組合せよりも（通貨量維持、インフレ沈静化）の組合せのほうがよいことになる。図の利得（1，1）と（2，2）はそれを反映したものだ。

一方、先ほど述べたように、民間の予想を一定とすると、政府は通貨量増加を選ぶことで景気をよくすることができる。通貨量増加が通貨量維持よりも政府単独の動きとしては望ましいことになる。また、民間は正しく読めないと最適な行動が採れないため、政府の戦略を一定とすると、正しく読んだほうが利得が高くなる。つまり、政府が通貨量増加にした際に、民間がインフレ予測をし、また通貨量維持にした際に沈静化予測している場合に、利得が高くなる。

このゲームで政府・民間ともに望ましい結果として、（通貨量維持、沈静化予測）という組合せがあるが、これは均衡とはならない。政府が民間を出し抜いて通貨量増加を採ることで、利得を2から3に増やすことができるからである。

そうすると、政府の行動がやがて民間にばれてしまい、民間は正しく政府の行動を読むようになる。結果的に、（通貨量増加、インフレ予測）という組合せが均衡として実現してしまうのである。

この望ましくない均衡から脱し、均衡ではないが、望ましい（通貨量維持、沈静化予測）という状況に経済を連れていくのは至難のわざだ。政府が「通貨量を維持しますから沈静化予測を持ってくださ〜い」と宣伝しても政府を信用していない民間の人々はそう簡単に予想は変えない。もうお酒飲みませ〜ん、と二日酔いのたびに言う酔っぱらいのお父さんが信じてもらえないみたいなものだろうか。

信じてもらえないまま、通貨量維持を断行すれば、結果はより悲惨なものとなる。市場に出回るおカネの量が少なくなり、取引が滞る。下手をすれば恐慌が始まる。

そこで、通貨量維持に対する政府の強い意思を示すとともに、民間にもそのことを信じてもらえるような施策が必要となるのである。

このように、人々のインフレ予想を一気に落とす有効な手だてとして昔から使われてきたのが、通貨単位を変更するデノミネーションというわけだ。古くは元《げん》王朝が行っているくらい歴史のあるもの。幸い、デノミネーションを行った後しばらくは物価が安定するケースが多く、政府の決意表明によって、人々の予想がシフトし、恐慌を招かずにインフレの沈静化ができるのである。酔っぱらいは何をしても信じてもらえないが。

冒頭のトルコのデノミネーションも大きな成果を挙げた。デノミネーションの実施前から民間の予測がインフレの沈静化に向かったため、インフレ率は急速に一桁台に下がり、二〇一六年ころまでインフレ率は六％から一〇％の範囲で推移することとなったのである。

ちなみに、この発券機能を中央銀行でなく、近視眼的な主体が持つと危険である。紙幣を刷ることによって短期的に財政赤字などの問題が解決するため、通貨供給量増大への誘惑が生じるからである。

均衡でない状態を保ち続けるというのは大変難しいことである。先進諸国は、常に通貨量増加による景気拡大を目論《もくろ》む政府から一定程度独立した中央銀行という組織を創り、ここに通貨の発券機能を持たせた。中央銀行の役割を通貨の番人とし、通貨量維持に努めることを最重要課題に位置付けることによって、民間の信用を勝ち得て、インフレの沈静化に成功しているのである。

◆国債購入ゲーム

僕の伯父はそれなりに名前の知られた囲碁の棋士だった。「いくらでもお貸ししますよ」と甘い言葉に誘われて、たまった借金がン億円。もうカネを貸す馬鹿なサラ金もおらず、邸宅は差し押さえ。サラリーマンなら自己破産だ。ところがどっこい、そこから火事場の馬鹿力を発揮する。勝つわ、勝つわで借金を完済。「○○は火の車に乗っているから手が付けられない」とライバルにも言わしめたという。そうなると、また甘い汁を求めてサラ金が寄ってくる。

サラリーマンにならば絶対に貸さない金額も強い碁打ちには貸す。回収の目処《めど》が立つからである。一〇〇〇兆円の借金があっても国債は売れる。私企業ならばつぶれてしまうような債務を抱えていても政府はつぶれないからである。しかし、それは無限に信用がある、ということではなく、所詮は程度問題である。強い碁打ちに一億円貸しても一〇億円は貸さない。税収で約六〇兆円稼ぐ政府がいくらの借金までなら耐えうるかは議論の分かれるところである。

政府の場合、借金の限度額は物理的な問題というより心理的な問題である。その点で巨額の借金はバブルと似た性質を持っている。みんなが国債を購入している間は問題ない。一方、みんなが購入しなくなれば国は借金を払えなくなり、債務不履行となる。そんなとき自分独りだけ国債を買えば大損である。

図3－6はこういった投資家間の戦略的関係を簡略化して表したものである。実際には数多くいる投資家だが、ここでは、AとBという二人の投資家のみいるとしよう。全員が国債

を購入しているうちは問題ない。全員が国債を買わない状態は社会全体として望ましくなく、それが個々人にも降りかかってくるので、（国債購入、国債購入）のほうが、（購入せず、購入せず）よりも両者にとって望ましい。このゲームの利得の（1，1）と（0，0）はこの点を表している。個人にとって最悪なのは他の人々が国債の購入を止めているのに、一人だけ購入するケースである。この場合、国債の暴落に伴い、個人的にも大きな損失を被る。（国債購入、購入せず）において、投資家Aの利得がマイナス1になっているのはこのことを表している。

このゲームには二つの均衡がある。みんなが国債を購入している状態とみんなが国債を買わなくなった状態である。みんなが国債は安全だ、と思って購入しているうちはよいのだが、国債は危険だ、と思えば債務不履行に陥ってしまう。

財務省のジレンマがここにある。財務省は財政危機を訴えることで、人々や政治家の予算要求への声を鎮め、歳出を抑えなくてはならない。その一方で、財政危機は債務不履行になるほどひどくはない、と投資家に信じてもらい、国債を高価格＝低金利で購入し続けてもらわなくてはならないのである。

人々がもう無理そうだ、と思ったとき破綻は突然やってくる。「国債大暴落」、そんな見出

投資家R
ね！
投資家B
ねっ
全員購入が正解
国民の所得を増加させますから高価格に低金利で何卒♥ぜひ♥
皆が買うなら買っておくぞ！
危ない橋は渡らないのが投資家なり
国債を購入
B
する！
しない
R
する！
1,1
-1,0
しない
0,-1
0,0
NO
国債暴落！！
買わなくてよかった〜
買わなくてよかったー
国債暴落！！
NO
ババ引いた！！
「国債は危険だ」と両者が買わなくなると国は債務不履行に
ひ〜

図3-6　国債購入ゲーム

しを新聞の一面で見ないためにも財政再建は欠かせないのである。

今、財務省が目標として掲げている基礎的財政収支（プライマリー・バランス）の均衡もそれと同じである。これだけで財政問題が解決するわけではないが、とりあえず元利払い以外の新しい借金は生じない。

このとき、利子率の割合で借金が膨らんでいく。個人が住宅ローンを組んだら利子と元本を返していかなくてはならないが、国には定年がないからそこまで厳しい基準を課す必要はない。そこでよく引き合いに出されるのが国債残高のGDP比の増減である。国債を国民全体の借金と見て、国民の所得と借金の割合に注目するわけである。

借金のGDP比が増えないためには、国民の所得も借金と同じ割合で膨らんでいかなくてはならない。国民の所得の増加率とは経済成長率のことであるから、国債の利子率が経済成長率を下回っていれば、借金のGDP比が減少することになるのである。

さて、利子率は貨幣供給量に敏感に反応する。量的緩和が進めば、金利を低めに抑えられる。逆に景気がよくなり、インフレを抑えこもうと金融引締めに向かえば金利は高くなる。基礎的収支が均衡したとしても借金は膨らむ。財政当局である財務省はこれを警戒し、通貨当局である日銀を牽制《けんせい》する。日銀は財政赤字のつけを返すのに、通貨の信用リスクを背負わされるのはかなわない、とやり返す。もちろん、両者が頑《かたく》なに譲らなければ糸が切れるように借金は手の届かぬ所に達してしまい、経済は収拾がつかなくなることであろう。

政府は天気のように手のとどかない存在でもなければ、一神教の神のように一枚岩の存在でもない。ましてや全能とはほど遠い。政府と民間、政府内部の戦略的関係を読み解かなくては政策論議はできないのである。

◆勝手読み

市場は失敗する。そこに政府の介入する余地が生まれる。しかし、多くの場合、市場の機能を制限する介入は筋が悪い。市場だけではなく、政府も失敗するのである。

「勝手読み」という言葉がある。囲碁などで戦局を十分吟味しないで、こう打てば、相手はこう来るだろうと勝手に読んで打つと、相手はその通りに打ってこず、後から自分の過ちに気付く（場合によってはそれすら気付かない）というものである。

社会経済政策も似たようなところがある。経済学の祖といわれるアダム・スミスは、社会を巨大なチェス盤になぞらえた。ただし、そのチェス盤においては、おのおののコマがそれ自身の行動原理を有しており、チェスの指し手としての為政者の思い通りには動かない。無理にコマを動かそうとすると軋《きし》みが生じ、社会には混乱が生じるという。

筆者が所属する東京大学大学院経済学研究科は、二〇一三年四月に施行された改正労働契約法に頭を抱えた。当時の民主党政権だけでなく、自民党政権も賛成した改正法によると、有期契約の労働者が五年を超えた時点で、期限の定めのない雇用への転換を申請すれば、雇用主はこれを履行する義務を負う。これを「無期転換」と呼ぶ。厚生労働省によると、この法律は、契約社員、パート等の名称に関係なく、「有期労働契約の反復更新の下で生じる雇い止めに対する不安を解消し、働く方が安心して働き続けることができるようにする」ことが目的だという。しかし、社会は為政者の思惑通りには動かない。

これまで同研究科は粛々と国際化を進め、大学院の英語化および秋入学の導入も成し遂げてきた。国際標準に合わせ、若手教員の人材育成プログラムである「テニュア・トラック制度」を導入し、任期付きの若手教員の雇用にも積極的に動き、外国人だけでも一〇人弱の採用実績を持つに至っている。この制度が打撃を受けたのである。

テニュア・トラック制度は、まだ業績が十分でない若手教員を有期契約で雇用し、業績を挙げた暁には無期の雇用に切り替えようという制度である。一種の試用期間とも考えられる制度の内実を称して、「パブリッシュ・オア・ペリッシュ（業績を挙げよ。さもなくば去れ）」

とも言われ、若手教員は研鑽《けんさん》を積む強い意欲を持つ。

しかし、研究は息の長いプロセスである。短期間で成果を出せと圧力がかかる米国でも、博士号を取ってから通常七年間、大学によっては九年間の試用期間がある。五年間という年限では世界と競えない。政府は研究職に特例を設け、無期転換までの期限を五年から一〇年に引き上げた。

さらに、東京大学は無期転換の制限を撤廃する。しかし、これで有期職員が無期職員になれるとは限らない。例えば、国立大学であれば、その基盤的財源である運営費交付金は毎年自動的に一%ずつ削減されている。その代わりに投入される競争的資金は三～五年の時限的なものなので、期間の定めのない教職員を雇うことにはリスクがある。「雇います。しかし、給料に充てる財源はありません」では、空手形もいいところであろう。結果的に改正法以前には五年という年限を過ぎても切れ目なく雇用されていた職員もやむなく、仕事を辞めざるを得なくなってしまったのである。

もちろん、この問題は大学に限らない。厚生労働省は、大手自動車メーカー一〇社を対象に無期転換制度の運用状況を調査した結果を公表した。無期転換が可能なのは二社のみで、七社は契約の通算期間が五年に満たないうちにリセットするルールを設け、無期契約への切り替えができないようにしていたという（毎日新聞二〇一七年一二月二八日付朝刊）。空白期間を設けることで、契約開始時期をリセットできるため、七社は労働契約法の改正を踏まえて、六カ月の空白期間を定めたという。改正労働契約法がなければ空白期間がなく働けた有期契約の従業員が半年間離職しなくてはならなくなったのである。

この問題の元々の原因は正規労働者と非正規労働者の間の身分差にある。米国では正規・非正規ともに解雇は原則自由であるのに対し、欧州、特に大陸では非正規労働者に対しても厳しい解雇規制が敷かれている。それに対し、日本は正規労働者と非正規労働者を法律によって明確に区別し、前者を手厚く保護することで知られている。

話はバブル以前に遡る。一九七〇年、赤字転落した一部門の従業員を東洋酸素株式会社が整理解雇すると、それを不当として訴えが起こされ、裁判で争われた。判決は一九七九年に下された。この東洋酸素事件において、期間の定めのない労働契約を結んでいる労働者、いわゆる正規労働者を「整理解雇」する場合、（1）人員整理の必要性、（2）解雇回避努力義務の履行、（3）被解雇者選定の合理性、（4）手続きの妥当性、が必要とされた。いわゆる整理解雇の四要件である。事件自体は、整理解雇が認められたものの、この判決が整理解雇のハードルを設定することとなる。

その後、バブルとその崩壊を経て、社会経済環境は大きく変化した。にもかかわらず、正規労働者に関する解雇法制は大きな変化もなく、今日に至っている。

成長が見込まれる時代では、企業も正規労働者の雇用にためらいがなかった。しかし、先行きが不透明な時代に整理解雇が困難な正規労働者のみで企業組織を経営するのは余剰人員に経営を圧迫されるおそれがある。為政者の思惑とは別に、企業は契約社員や派遣社員などの非正規労働者を増やすことで、この問題に対処してきた。

この身分差は大きな社会問題を生み出す。例えば、不安定な雇用では結婚・育児もままならない。少子化の大きな要因は未婚率の増加にあるが、男性の正規労働者と非正規労働者の未婚率には大きな差がある。二〇一〇年の厚生労働省の「社会保障を支える世代に関する意識等調査報告書」によれば、三〇代男性における未婚率は正規就業者三〇・七%、非正規就業者七五・六%となっている。

正規労働者と非正規労働者の扱いをなるべく近づけるとして、米国のように正規労働者の解雇をしやすくするのか、欧州大陸のように非正規労働者の保護を手厚くするのか。中途採用の労働市場が未整備のまま前者の道を採れば労働者の立場は脆弱《ぜいじゃく》になり、経済成長がないまま後者の道を採れば欧州大陸のように若年失業が増大する。

どちらが望ましいと思うか、意見は分かれよう。しかし、正規労働者と非正規労働者の身分差を縮める努力をせずに、変えやすいところだけに手を付ければ、他の箇所にほころびが生じるのは理の当然であろう。このまま弥縫《びほう》策を続けていけば、アダム・スミスが言ったように、社会は混乱に陥り、成長戦略にも水を差す。囲碁であれば、勝手読みのつけは本人が払うだけですむが、為政者の勝手読みの場合、そのつけを払わされるのは前線で競う企業や労働者、その中でも特に弱い立場にいる人々であることを忘れてはならない。

第四章　市場の失敗を克服する

◆厚生経済学の基本定理

経済学が打ち立てた金字塔が「理想的な競争市場の下では効率的な資源の配分が達成される」という厚生経済学の第一基本定理である。「厚生」とは社会全員の満足度のことだ。そして、厚生経済学とは、人々の厚生の最大化を基準とし、経済制度や経済政策の良否を問い、その改善方法を考える経済学のことである。

ここで二つの言葉の中身を吟味しておく必要がある。一つは「効率的な資源の配分」、もう一つは「理想的な競争市場」である。

「効率的な資源の配分」というのはモノを作り、人々に分けたとき、もうこれ以上「効率的な」作り方、分け方がないという状態である。「効率的な」状態というのは、その状態からだれかの満足度を上げようとすれば、他のだれかの満足度を下げざるを得ない、という状態のことであり、経済学ではしばしば——この概念の提唱者の名前をとって——パレート効率性と呼ばれる。

この効率性の概念は公平性の観点を含まない弱い概念であるため、パレート効率的な状態だからといって、社会的に望ましい状態であるとは限らない。独裁者の一人勝ちの状態もパレート効率的な状態であり得るのである。

「理想的な競争市場」のほうはもっと厄介である。しいていえば、こんな感じになる。人々は合理的で、かつ他人の消費行動に興味がなく、一番になりたいという野心も持たないし、独占力も行使しない。また、個々の取引や消費・生産は市場の外部を経て第三者に影響を与えることはなく、みんなが共同で使う公共財もなく、売り手と買い手の間に情報の偏りがなく、人々は市場のルールを守って取引をし、価格が円滑に動いて、売り買いをバランスさせる。

市場は万能ではない。多くの経済学者は「理想的な競争市場」を、あくまで理論上のものと考えてきた。そこで問題となるのは、現実の市場はどのようなときに「理想」から外れるのか、そして、それによって効率性や厚生はどのように減少するのか――市場はどのようなときにどの程度失敗するのか、どうすればその失敗の影響を低減できるのかという点である。

ここ数十年の経済学はこの市場の失敗の問題を中心に発展してきたといってもよい。そこからいくつかの問題を取り上げて吟味しよう。

◆不平等の是正

親の力や才能など人間は不平等に生まれついている。予期される格差を放置したままの社会は、いくら生産性が高くても望ましいとはいえない。

理想的な競争市場の下では効率的な資源の配分が達成されるという厚生経済学の第一基本定理では、この公平性の視点がすっぽり抜け落ちている。この点を再分配＝所得移転と市場という二つの組み合わせで回復しようというのが、厚生経済学の第二基本定理である。その内容をざっくりと述べるとこうなる。

理想的な競争市場の下では、あらかじめ誰がいくら払い、受け取るかを決めておくことで、どんなパレート効率的な配分をも達成することができる――。

いいかえれば、どんな平等な配分であっても、不平等な配分であっても、パレートの意味で効率的でさえあれば、市場経済において達成可能であり、公平性に不満のある人は、市場が動かないように規制するのではなく、所得移転で対処せよ、と主張しているのだ。

個々人の能力が把握でき、さぼっているかどうかコストなしに観察できれば、問題はほぼ解決される。ＡとＢという二人の個人がいて、Ａの稼得能力が六〇〇万円で、Ｂの稼得能力が四〇〇万円だとあらかじめわかっていれば、極端な話、AからBに一〇〇万円の所得移転をすると前もって決めておくことで効率性を損なわずに所得格差をなくすことができる。

しかし、現実には、稼得能力も努力も政府には把握できない。そこで政府は代わりに、所得いくらの人はいくら払い、いくらの人はいくら受け取るかを決めることになる。この再分配ルールは先ほどのものとは大きな違いをもたらす。

仮に政府が所得四〇〇万円の人には一〇〇万円の給付をすると決めたとしよう。すると、Aは能ある鷹《たか》よろしく爪を隠し、少ない労力で四〇〇万円しか自分は稼がず、政府からの給付で五〇〇万円を得ようとする。そうなると、社会の総所得は落ち込み、政府も赤字となる。残念ながら第二基本定理は絵に描いた餅なのである。

◆価格統制と医師の偏在

価格による円滑な調整がなければ市場は機能しない。そんな「市場の失敗」は医療問題にも立ち現れる。

二〇〇八年一〇月、都内で強い頭痛を訴えた妊婦の搬送先が決まらず、最終的にたどり着いた都立墨東《ぼくとう》病院で亡くなるという痛ましい事件が起きた。この事件は医療体制が充実していると考えられていた東京都区部で起こったものだったために、医療界のみならず、私たち国民への衝撃が大きかった。この事件を契機に、医療供給体制の地域間格差だけでなく、勤務医の不足や診療科間の医師の偏在が大きく報道されるようになった。

実際、医師数の地域的な偏りに加え、診療科間の格差も大きい。厚生労働省の調査によると、近年医師不足が指摘されている救急科や産科では他の診療科に比べ、必要な医師数が確保できていない（表4－1）。

診療科	必要医師率
小児科	1.16
精神科	1.11
外　科	1.09
整形外科	1.16
産　科	1.24
リハビリ科	1.29
救急科	1.28
全　科	1.12

表4-1　主な診療科の必要医師率
（注）必要医師率＝（現員数＋必要増員数）／（現員数）
（出所）厚生労働省「病院等における必要医師数実態調査の概要」（2010年）

市場が円滑に機能するには、価格調整が必要である。生鮮食品の市場は価格を通じた需給の調整が比較的瞬時になされる市場である。

それに対し、国民皆保険の下、医療サービスの価格に相当する診療報酬は政府に一元管理されている。医師も人間。報酬に比べ、働きやすい地域、診療科を選ぶことを責められない。

開業医優位の日本医師会の政治力も

相まって、診療報酬の改定は進まず、勤務医が開業医に逃げるという流れを和らげることができないという内部事情もある。価格調整が進まないために、医師たちは与えられた価格の元で専門を選び、働く場所を選ぶ。その結果、数量調整のみが進行し、医師の地域間や診療科間での偏在が生じてしまうのである。

価格調整が難しいのなら何らかの数量制限が必要であろう。ドイツでは開業医の定員制を導入して一定の成果を上げている。日本でも全国で必要とされる初等教育の教師や警察官の偏在は医師の偏在と比べて、あまり指摘されないが、それは教師や警察官が公務員として計画的に配置されているからである。

価格調整や計画配置が難しいとしても、偏在解消の手段が皆無というわけではない。そのヒントとなるマッチング制度をつぎにみてみよう。

◆マッチング制度

「何らかの調整は必要だが、倫理的、規範的な観点から価格調整が適さない」という状況は社会の至る所で見られる。このとき数量だけ自由にすると、医師偏在のような歪《ひず》みが生じる。だが政府による計画経済的な割り当ては非効率であるうえ、不公平感を生み出す。こうした問題に対して考え出されたのがマッチング制度である。

例えば都区部を中心に小中学校で導入されている学校選択制は、保護者が一定の範囲内で、学区以外の学校も希望できる制度だ。各学校は受け入れ枠を持ち、枠を超えた応募があった場合には、学区外の希望生徒の間で抽選となり、外れた生徒は自分の学区の学校に入学する。

この制度によって、生徒・保護者に選択の権利が生まれた。この選択権を実際に行使する人が少なくてもその価値は全体に波及する。学校選択は学校側にとって規律付けとして働くからである。いじめを放置するなど、あまりに運営に問題があるような場合、口コミを通じてあっという間に広まり、保護者は選択権の行使を考え始めるだろう。学校の姿勢が利用者によって問われる制度となったのである。ただし権利は義務を伴う。保護者も学校を守り育てなくてはならないことは言をまたない。

二〇〇四年度から義務化された医師臨床研修制度におけるマッチングも同様の効果を持つ。大学の医局が学生を計画的に配分していた制度が打破され、研修医の選択権が行使できるようになった。その結果、より多くのことを学べる病院に研修医が集中する結果となった。

研修医を低廉な労働力と見ると、偏在が生じたという議論も成り立つため、定員の決め方も今後の検討課題ではあるが、本来の「研修」という目的からすると、より質の高い臨床研修の制度へ向けた土台、つまり市場ができたといってよい。研修の質を高めるという規律も次第にできあがるだろう。価格調整が不完全でも統制状況からの脱却は社会の厚生（全体の満足度）を高めることができるのである。

◆洞熊学校を卒業した三人

宮沢賢治の童話「洞熊《ほらくま》学校を卒業した三人」は、洞熊学校を卒業したクモとナメクジとタヌキが主人公だ。彼らは洞熊学校で競争して偉くなること。大きいものが一番立派だということを学ぶ。そこで、相手より偉くなろうとして、他を押しのけ食い殺し、成長していく。しかし、強欲がたたり、みんな寿命を全うできず早死にしてしまう、という話だ。

「理想的な競争市場の下では効率的な資源の配分が達成される」という厚生経済学の第一基本定理の前提条件として、他人の消費を妬むようなことをしてはいけないというものがある。人々が、他人と自分をひき比べると、競争は歪《ゆが》んでしまう。一番を目指せと教育すれば、当然相手を蹴落とそうとする輩《やから》が出てくる。たとえ、それをうまく防いだとしても、今度は必要以上に働いて生産性は落ち、家族と過ごす時間は足りなくなり、結局何のために働いているのか分からなくなる。

日本は欧米各国と比べても労働時間が長いことで知られる。他に負けまい、人並みには働かないと、という気持ちが労働時間を増大させる圧力として働くのかもしれない。日本の長期雇用も間接的に労働時間の長さに結びつく。同じ会社の中での競争は、お互いに相手の顔が見える競争だ。相手が見えなければ、自分の成長を喜んでいられる人も、相手が見えると、相手よりも一歩先んじたいという気持ちが前面に押し出される。もちろん、このような考えは経済環境が変われば変化する。今の若者は闘争心が薄いとの批判もあるが、ひと頃SMAPによるカバーで大ヒットした槇原敬之《まきはらのりゆき》の曲の歌詞にある「オンリーワン」のような価値観は健全な競争にとっても大切なのだ。

競争とだまし合いに明け暮れて倒れていったクモとナメクジとタヌキの先生である洞熊先生は少しだけ残念そうにし、その傍らでは冬が始まって蜜集めを終えた碧《あお》い眼の蜂たちが次の春の夢を見ながら静かに眠っていた。

◆依存症ビジネス

娘の成績がどうも振るわない。とくに数学が苦手で、つまらない計算ミスを大量にやる。とにかく集中力がないのだ。観察していると、スマホをいじっている時間がやたらと長い。

母親がいくら叱ってもなかなか止めない。成績は下がる一方だ。その娘が自分の部屋がほしいと言い出したので、スマホをガラケーに変え、かつ自分の部屋に持ち込むことを禁止した。それからのことである。勉強に身が入りだしたらしく、いつも平均点をはるかに下回っていた数学が平均点を超えた。担任の先生にもわざわざ「どうしたの」と声をかけられたらしい。世間で言われているスマホの恐ろしさを実感した。

経済学は売り手と買い手の自発的な取引を賞揚する学問である。自発的な取引はお互いの厚生を高めるとされる。そのような経済学も、知らぬ間に仕込まれた麻薬の取引には反対する。いずれ依存症に陥り、買い手の厚生を下げてしまうからである。世の中のありふれた物の多くに麻薬同様「病みつき」になるモノ〈フィックス〉が巧妙に仕込まれており、私たちがそれらのモノを知らず知らずのうちに消費してしまっているとしたらどうだろうか。

デイミアン・トンプソン『依存症ビジネス』は世の中に蔓延《まんえん》する〈フィックス〉を産み出すしくみを暴き出す。依存症に陥るのは、いわゆる麻薬だけではない。同書の帯を見るだけで、心当たりのある人はかなりの数に上るのではないだろうか。曰《いわ》く、「iPhone、フラペチーノ、危険ドラッグ、お酒、／フェイスブック、アングリーバード、オンラインポルノ……／私たちは、なぜこうも簡単に「病みつき」になるのか？／もはや病気ではない。／

最強最悪のビジネスモデルである」。

元アルコール依存症の著者によれば、「依存症＝病気」という公式が、私たちの目をくらましている。依存症は病気などではなく、私たちが意識的にせよ無意識的にせよ、選び取ってしまった選択肢の行き着く先だ。

その選択肢を用意しているのが依存症ビジネスである。彼らにとって、消費し続けてくれるお客様は神様である。そのために何をすればよいか。好きという気持ちではなく、欲しいという衝動をいかに喚起するかにビジネスの成否がかかっているという。

依存症は恐ろしい。スイーツは成人病を惹《ひ》き起こし、オンラインポルノにはまった男性はまともに女性を愛することができなくなる。

どのようにすれば、巧妙に仕掛けられた罠《わな》から逃れることができるのか。罠を避けるための第一歩は、罠に気付くことである。市場は失敗する。いうまでもなく、厚生が下がっていることからフィックスの存在は市場の失敗を意味する。しかし、個々の消費者が賢くなれば、その失敗を防ぐことができる。スマホを一日三〇分に限る。スイーツはお皿に出して決めておいた量だけ食べる。一つのものに依存しない。周りの人の助けも借りながら、心掛け一つで人生が変わるのである。

◆公か私か、それとも共か

市場の本質は価格メカニズムの有無というよりも、その分権的性質にある。「政府vs市場」の構図は「公vs私」の構図と捉え直してもよい。それは大震災の復興の過程でも生まれてくるものである。同僚の何人かが公的な立場から復興支援に携わる一方、僕は私的な立場での係《かか》わりを選んだ（どのみち、僕には公的機関からの要請はなかった）。

二〇一一年四月一四日、震災前から交流のあった福島県立相馬高等学校（相高）の生徒のうち、希望者四二名を東京大学に招いた。被災したなか学習意欲を持ち続けてもらおうと、相高の松村茂郎先生と企画したものだ。

同月末に相高を訪問した。その夜、津波の傷跡が周囲に残る宿舎で相高の先生方と腹を割って話した。生徒の学習意欲の維持向上が喫緊の課題だった。「教育は復興の要です。しかし、教育には手間と時間がかかります」。「必要なのは一回きりの訪問ではなく、継続的な支援です」。こちらの踏み込みの浅さを見透かされた気がした。公的支援を待っていては何も始まらない。しかも、必要なのは資金ではなく、人である。宿題を抱えて東京に戻った。

僕のゼミの学生たちも何かをしたいと強く思っていた。僕たちだからこそやるべきこと、やれることがあるはずだ。金はないが人はいる。「公」に要求されるような公平な支援は不可能だが、機動力と創造力は発揮できる。

考えた末にたどり着いたのが、主体的学びを支援するためのメンタープログラムだった。メンターとはよき導き手の意味だ。月に一回、週末に一〇名ほどのゼミ生がメンターとして相高を訪問する（僕は彼らの運転手だ）。毎回学習に関するテーマを決めて、相高生と東大生が一緒に課題に取り組む。生徒が自分の潜在能力に気づき、主体的に学ぶ力を身に付ける。それがメンタープログラムの趣旨だった。

最初に行ったのが、検証「東大生のノートは本当に美しいか」。相高の先生の模擬授業のノートをみんなでとる（僕もとった）。それを授業後に比べる。東大生のノートは美しくはないが、十人十色で面白かった（僕も初めて見た）。相高生のノートにも個性的なものが散見された。ノートのとり方は授業の学び方でもある。そこに定型はない。自分に合ったやり方を自分で見つけ、それを追求すればよい。

僕らの活動がメディアに取り上げられるようになると、批判も受けるようになった。相高より苦しい環境にある高校は他にもいっぱいある。なぜ、相高なのか。〇〇高校には来てくれないのか、といった批判が多かった。その度に、僕と松村先生との震災前からのつながりを説き、あくまでも私的な支援だということ、つながりができれば他の高校も訪れたいという返事を送った。実際、たまたま知り合いにOGがいて仮校舎で学んでいた他の高校にも声をかけたが、うまくつながりをつくることはできなかった。

二〇一三年春、うれしい報告が舞い込んだ。プログラム参加者の一人、稲村建《たける》くんが東大に合格したのだ。相高からは実に12年ぶりのことだった。ノートを止《や》め、不要な裏紙で問題を解いては捨てるという勉強法を編み出したという。もちろん、何も東大に行くことだけが成功の指標ではない。「東大なんて都会の子たちが行く大学だと思っていた」という稲村くんが自分の力に気づいた。それが大きな成果だ。他の生徒からも続々と吉報が届く。

さらに踏み込んだ活動が始まった。同様のプログラムを県立福島高校（福高）で展開したところ、しばらくして福高の卒業生たちがメンターとしてプログラムの担い手になったのだ。

また、神戸市灘《なだ》高の正教員だった前川直哉《なおや》さんがその職をなげうって福島に移住し、「ふくしま学びのネットワーク」を立ち上げ、メンタープログラムを他校に拡大、展開し始めた。福島県教育委員会も前川さんの熱意に呼応し、県下の高校生一〇〇人超を集めた猪苗代《いなわしろ》の合宿でメンタープログラムを行うまでになった。

＊

二〇一四年、「ふくしま高校生社会活動コンテスト」が福島市で開催された。浜通りから三校、中通りから二校と一団体、会津から一校の二グループの計八つのグループが参加し、ボランティア、復興への取り組み、国際交流、まちおこし、製品開発など様々な社会貢献活動に関する報告がなされた。

　地方創生の最大のネックは、過疎化や高齢化そのものというよりも、その先細り感に伴って生じる意欲の減退である。それに対し、伸び盛りの子どもたちは閉塞感とは本来無縁の存在である。子どもたちまでが閉塞感に包まれているとしたら、それは大人の感覚が伝染してしまったものであろう。

　閉塞感の連鎖を断ち切り、伸び盛りの子どもたちの意欲を高めていかなくてはならない。地方創生の鍵は子どもたちにある。彼らの意欲を高めるために、教師や親などの当事者以外の大人たちによる支援も熱を帯びてきた。

　前出の前川直哉さんが中心となって始めたコンテストは、各高校で生徒たちを見守り、指導してきた先生方が、彼の熱意に呼応する形で実現した。高校生たちの活躍を具体的に見ていこう。

　くじ引きでトップバッターとなった福島高校の「福島復興プロジェクト土湯《つちゆ》魅力創造班」から、いきなりその質の高さにがつんとやられる。震災後低迷していた温泉観光を活性化しようと、高校生たちが土湯温泉の方々に提案したのが高温の温泉を利用した南国のフルーツ栽培だった。この企画はすでに土湯の大人たちの力で実現にこぎつけているという。

いわき市にある福島県立遠野高校は、満月祭で使用されていた道路が被災したため、生徒会が全校生徒に呼びかけて祭りを高校の校庭で開催した。高校生が並べた約二〇〇〇個に上る行灯《あんどん》には遠野名産の和紙に小学生たちが願う夢も描かれ、暮れなずむ校庭一面に幻想的な光景が広がったという。

コンテストの最優秀賞に輝いたのが、会津農林高校の取り組み、「早乙女踊り保存クラブ」である。後継者不足から一時中断していた会津坂下《ばんげ》町の伝統行事を同校の女子生徒が継承する。九人ほどで始まった活動は、七年後、全校の女子生徒の三割強に当たる三六人の参加を得る一大行事に発展した。笛やうたいの指導も、高齢化や多忙でなかなか来られない大人の講師に代わって、経験者である上級生が下級生を教える方式に切り替えたという。こうして名実ともに高校生による活動が確立されたのである。

二〇一五年、二〇一六年と同じ枠組みで続けた「ふくしま高校生社会活動コンテスト」に変化が見られたのが二〇一七年である。福島県教育委員会と福島大学がこの企画を発展的に引き継いだため、規模も大きくなり、より多くの高校が応募する結果となった。県内で公的な支援も得て、自律的に回り始めたのである。

最初から公的支援を頼っていたら何もできなかったであろう。「公」は公平性や安定性を重視する。それに対し、個人の強みは機動性であり、創造性である。個々の人間が試し、「公」が制度化する。そういう流れがあってもよい。

復興支援は自律的発展の呼び水となってこそ、その価値がある。震災直後の教育支援として始まったメンタープログラムも「社会活動コンテスト」も、「公」を巻き込んで自律的かつ持続的なプログラムとして回り始めた。単に震災前の状態に戻るという復興ではなく、それを超える発展に向けて、福島県の教育が躍動し始めた。

日本に蔓延する閉塞感を打ち破るために必要なものはただ一つ。何かをやってみよう、という意欲である。その意味でも、高校生の活動が大人の押しつけであってはならないように、地方創生は中央による地方への押しつけであってはならない。また、若者の未来に投資をするという発想が肝要なのではないか。その意味でも政府の支援を中心とした「公」や市場を中心とした「私」だけでなく、学校や共同体を核とした「共」による地域活性化が強く望まれる。学校が地域に関わっていけば、その地域が元気になる。今後の学校の課外活動を考える一助ともなる。

自立した個人、自立した地域の行う社会活動には、個々の意思を大切にするという市場の原則と同じ精神が息づいているのである。

第五章　市場を守る

◆銀行は裸の王様か？

サッカーが面白い。僕が子どものころと比べても、試合が格段に面白くなった。とくに最後の一〇分間で大きく試合が動くことが増えたように思う。戦術面の進化はもちろんあるが、過去からのルール変更の積み重ねも忘れてはならない。リーグ戦での引き分け狙いを少なくするよう、勝つと二点、引き分けで一点だった勝ち点を、勝つと三点、引き分けは一点に変更したことも大きい。バックパスをGKが手で扱うことの禁止も時間稼ぎを減らす意味で効果的だった。ルールやその運用を変えることでサッカーの魅力がさらに増したのである。

社会でも古くなったルールの変更は必要だ。リーマン・ショック以降、銀行業に関するルール変更の必要性が叫ばれた。フランス大統領やアメリカ大統領が銀行業界を徹底的に批判したことから、銀行業界に対する規制が強まるだろう、と予想した方もいたはずである。

しかし、である。あれから一〇年、ほとんど何も変わっていない。なぜか。それは、「政治家が……その誤りに気づかないためだけでなく、銀行との共生関係を壊したくないからだ」と、アナト・アドマティ＋マルティン・ヘルビッヒ著『銀行は裸の王様である』は指摘する。そして、それに対抗すべき一般の人々が見て見ぬふりをするからだとも。「バンカーらの主張に異議を唱えるのは、実は簡単だ。でもたいていの人は、自分は問題を理解していない、あるいは自分には理解できないと考えている。自分は銀行業の〝専門家〟にモノ申すような立場にはない、と考えているのだ。関わりたくないと思っている人、なんらかの理由から声をあげるのを避けようとする人もいる」。

彼らの主張はいたってシンプルだ。「**銀行に総資産に対して20〜30％の自己資本を持つよう義務づけることで、金融システムの安全性と健全性は大幅に高まる**」（太字本文）というものだ。

大銀行がつぶれると、経済に深刻な影響が及ぶ。だから政府は金融危機に際し、莫大《ばくだい》な公的資金をつぎ込む。これは事実上、政府による銀行の債務保証である。投資や貸付けにはリスクが付きものである。賭けで大損したときのことを考えてみよう。このとき、政府が債務を肩代わりしてくれるのであれば、銀行は必要以上に大きく賭けようとする。勝った場合の収益は銀行のものになり、負けた場合のつけは政府＝国民が払ってくれるからだ。

だから、自分の懐が痛むようにしなくては、他人のふんどしで相撲を取るような行為を助長することになる。この「自分の懐」というのが自己資本だ。アドマティ&ヘルビッヒの主張は、銀行が危機に際して、それを自ら乗り切る体力を持つよう、この自己資本を潤沢に持つよう義務づけるべきだ、というものである。

銀行は人々の専門知識のなさにつけこんで、あれこれ理由を付けて、これを阻止しようとするが、著者たちはそれらを「銀行様のまやかしの衣」(傍点本文)と呼んで、一つずつ剝いでいく。

「ハンド」を反則にしなかったら、サッカーというスポーツはなかっただろう。規制はスポーツをより魅力的にしたり、社会をよりよくしたりするためのものである。ときには思い切ったルール変更が必要だ。市場にもルールは必要だ。そうでなければ市場はそれこそ弱肉強食のジャングルになってしまうであろう。

◆電波オークション

一九九四年七月、米スタンフォード大学のジョン・マクミラン教授は、首都ワシントンのホテルの一室でスクリーンを見つめていた。隣のダンスホールには、米国電気通信産業のリーダーが集い、初のポケットベル用の周波数帯のオークション(入札)に参加しようとして

オーストリア	10000
ドイツ	61500
イタリア	24000
オランダ	17000
スイス	2000
英　　国	65000

表5-1　3Gモバイル周波数帯オークションからの1人当たり収入（2000年／単位：1ユーロ＝100円〈当時〉として換算）
（注）ポール・クレンペラー英オックスフォード大学教授の調べによる
（注2）日本は電波割り当ての収入全体で5ユーロ未満である

いた。

本当にオークションは成功するのか。「お、数字が入った」。不安を打ち消すようにつぎつぎに書き換えられる価格。最終的に数日のオークション期間に売り上げた金額は、六億ドル強。経済理論が実践され、市場が創られた瞬間だった。

諸外国では、この電波に関する市場を創る試みが盛んに行われている。例えば米国では連邦通信委員会（FCC）が周波数帯をオークションを通じて割り当てている。マクミラン教授の著書『市場を創る』によると、九四年に導入された周波数帯オークションで二〇〇一年までの政府収入は四二〇億ドルに達した。日本より人口が少ない英国でも二〇〇〇年には収益が三四〇億ドル。同じくドイツでは四六〇億ドルに達したという。日本円換算にして、三兆円規模の収益があったことになる。

一方、日本政府の電波料からの収益は年間六五〇億円程度にとどまる。割り当て方法も不透明で、非効率的との批判も多い。民主党政権は先の衆議院選挙のマニフェスト（政権公約）で周波数帯オークションの導入を掲げたが、その動きは鈍い。

欧米の事例では、後述するように落札した事業者などが入札対象を過大評価するために大きな損失を出し、結果的に消費者の利益も損ねているとの批判もある。だがオークションは、古くから私たちの生活に密着した、組織化された市場である。古くはオークションの記述が古代ギリシャの歴史家ヘロドトスの「ヒストリアイ（歴史）」に見られるし、現在では、高価な美術品のほか、生鮮食品の仲買はもちろん、株式の売買などでも用いられている。また、最近では、インターネットオークションという新しい手法によって、一層身近な存在になっている。

日本で電波オークション導入が遅れるのは、欧米で落札した通信事業者などが大きな損失を出し、結果的に消費者の利益も損ねる事態が生じているのが一因。落札者が損をするひとつの理由は収益に関する情報の不完全性と当事者の不勉強にある。

表5－2は、ゲーム理論では「勝者への呪い」として知られている。筆者も表のような「入札ゲーム」をゼミ合宿や銀行研修の参加者にプレーしてもらっている。そこここで「えーっ」という声があがること必定だ。

このゲームで、仮にAが3、Bが6を引いたとすると、2人のカードの合計額は9だが、各人は自分の札しか見ることができず、合計額は定かではない。つまり、得点＝収益に関する情報の不完全性があることになる。

参加者がある程度賢明なら合計額の期待値を考える。相手の札の期待値が5（1～9の平均）なので、Aは合計額の期待値を8（＝3＋5）、Bは11（＝6＋5）と考える。その期待値を基に、利益も考えAが7、Bが10を入札したとしよう。するとBが落札して、9の価値のモノに10支払うことになる。勝者が損をしてしまった。

理由はあまり複雑ではない。相手も合理的なら、よりよい札を引いた方が勝つ＝落札する。すると自分が勝つ可能性は、相手が自分より悪い札を引いたときに限られる。だから6を引いたBにとって、1から5までの期待値である3を6に足した9が「自分が落札したときの期待値」になる。9未満の札を入れないと平均的に損してしまう。

「呪い」から逃れるには、落札者はいちばん大きい札を引いた人だということに気づくことが大切だ。実際、この点を織り込んで最善手を採れば、「呪い」がなくなることも知られており、それを実践した産業もあるが、初見でこれに気づく人は極めて少ない。ゲーム理論を勉強しなかったばかりに、数百億円も損をする企業もある。そんな企業は、自身の不勉強を呪うべきで、間違ってもオークション制度のせいにしてはならない。

プレイヤー 2人～6人
使用カード 1(A)～9 1組
1 各プレイヤーが1枚ずつカードを引く
A
B
2 自分のカードの数字のみを見る
3
A
B
6
3 全員のカードの合計額がいくらになるかを予想
B＝5として 入札は7かなー…
お互い見えないように書く
A＝5として 入札は10かな…
4 いざ、入札
	A	B
引いたカード	3	6
入札額	7	10
一番大きい入札額を書いた人が落札
3＋6＝9の価値のモノに 10支払ったァァ!!
ヒィイイイ
利得が－1!!
落札者が損してる…!!
勝者が呪われるゲーム…!
Aは利得ゼロ
落札者が「呪い」から逃れるポイントは本文にあり★

表5-2　入札ゲーム

◆健全な競争のために

健全な競争は新しい知恵を生み、活力をもたらす原動力である。競争圧力は水が低きに流れるがごとき自然なものである。しかし、川によどみができるように、健全な競争は様々な理由で阻まれてしまう。このよどみをなくすことが競争政策の理念である。この問題に立ち入る前に健全な競争について少し話をしておこう。

健全な競争って何、不健全な競争もあるの、といった疑問を抱かれる読者もおられるだろう。厚生経済学の観点から一言でいえば、社会の厚生を上げるような競争は健全な競争で、下げるような競争は不健全な競争ということになる。例えば、消費者に買ってもらえるように、よりよい製品を作ったり、よりコストを下げて安く売ろうとする行為の多くは健全な競争に結びつく。他方、相手が売ろうとしているモノが売れないよう邪魔をしたり、粗悪品を優良品だと偽って売ろうとする行為は不健全な競争の代表例である。

健全な競争を阻害する企業の行為に談合やカルテルがある。談合は入札などで生じる行為である。入札は企業の費用構造がわからない政府が公共調達をするときや、消費者による評価額がわからない美術品の売り手が、なるべく自分に有利な価格で取引する——公共調達をする政府は買い手なのでなるべく安く買う、売り手はなるべく高く売る——ために用いる取引制度である。しかし、公共調達のときなど、売り手である企業が事前に話し合って結託すると、せっかく入札によって企図された売り手間の競争が阻害されてしまう。

また、カルテルは複数の企業が談合などを通じてお互いの行動を制約し、価格を競争価格以上に引き上げる共謀行為である。一部の寡占産業や顧客のコスト意識の薄い公共工事などで発生する頻度が高い。価格上昇で消費者、納税者は損失を被り、企業は儲《もう》ける。消費者の損失が企業の超過利得を上回るため社会的にも損失が生じる。入札談合・カルテルは脱税と同様、経済犯罪である。競争政策はこの経済犯罪をいかにして抑止し、市場を守ることができるかという政策である。

二〇〇〇年代前半、その競争政策の根幹を担う独占禁止法が四半世紀ぶりの大改正を迎え、調整に入っていた。それに伴い、独禁法強化を狙う公正取引委員会とそれに反発する一部の関連業界との間でのせめぎ合いが活発になった。

例えば、談合によって不当に高い利益をあげているという点について、建設業界から異論が出された。建設業の利益率は当時、低水準で推移していた。二〇〇二年の自己資本経常利益率は製造業八％に対し、建設業は六・六％であった。談合は必要悪であり、これがなければ建設業は存立し得ないとの主張がそれだ。

この主張は談合の短期的効果しか見ていない。談合をすれば一時的には超過利得を得る。しかし、長期的にはそこで発生したうまみを求めて参入が過剰に進み、その産業自体が非効率的なものとなってしまうのである。

僕の試算では、長期的なカルテルの社会的損失は公共工事の場合、二〇〇二年度で二兆円強から五兆円強となる。これは、談合を阻止する制度改革を行った自治体における落札価格下落率一五〜二〇%が他の自治体や国にも当てはまると仮定し、これに入札による公共工事受注額一六〜二六兆円を乗じて算出したものである。ちなみに短期的な損失、および費用が便益を上回る、いわゆる「無駄な」公共工事を行うことからくる損失は含まれていない。

当時、このような談合・カルテルを防止するための措置体系は排除措置、課徴金、刑事罰の三点からなっていた。課徴金は脱税の際に刑事罰とは別途に課される重加算税のようなものであり、東京高裁の判決によると不当利得を「剝奪することによって、社会的公正を確保するとともに、違反行為の抑止を図」るものである。改正案では課徴金を現行の売上高の六%(中小企業は三%)から通常一二%(同六%)、最大で一八%(同九%)に引き上げるとされた。不当利得に加え、社会に与えた損失まで考慮に入れることになった。

これに対し、日本経団連は不当利得を超えた課徴金の徴収は刑事罰と併せ憲法が禁止する二重処罰に当たると主張する。

しかし、この算定率は近年の談合・カルテル事件における価格上昇率の単純平均一八％（中小は八％）強から見る限り、不当利得を超えた額とは言いがたい。さらに刑事告発は担当者個人を被告とせざるを得ない。とかげのしっぽ切りにさせないためにも企業のみを対象とする課徴金制度の役割は大きい。

◆リニエンシー制度で市場を健全に

課徴金増額と組み合わせる形で国内に導入されたのが、課徴金減免制度（リニエンシー制度）である。これは一種の「自首」制度である。カルテル内のある企業が「うちはカルテル行為にくみしていました」と「自首」すれば、課徴金の全額ないし一部が免除される。課徴金が高ければ免除額も高くなり「自首」するインセンティブ（誘因）が高まる。相手が「自首」するかもしれないと思えば共謀行為も減少する。

減免制度により欧州ではカルテルの摘発が進んでいた。欧州委員会によると同制度活用前の九三年から九七年までの五年間で制裁金が課された同種製品販売などの水平カルテルが九件、総額五億ＥＣＵ強（七〇〇億円弱）だったのに対し、同制度が使われ始めた九八年から二〇〇二年までの五年間は同二九件、約三四億ユーロ強（四五〇〇億円強）に増えている。しかも、全カルテル件数のうち同制度が適用されたケースが件数、金額とも八〇％を超えている。ちなみに日本では九八年から二〇〇二年までの五年間で二三六億円。経済規模を考慮しても少額にとどまっている。

欧州では自首するような企業は出てこないだろう、と減免制度の実効性を疑問視する声もあったというから驚くべき数字である。中には日本企業が「自首」して課徴金を免除されたという国際カルテルのケースもある。そのときの共謀相手には日本の「仲間」企業も数社含まれていた。

日本でも、この「自首」制度の評判は一部の関連業界にすこぶる悪かった。曰く「和の風土に合わない」「仲間を売る行為を勧める悪しき政策だ」など。このような意見を感情論と片付けるのはたやすい。しかし、そこにはわが国が変えていかなくてはならない一般的な風潮が見てとれる。

汚職を組織ぐるみで隠そうとする官庁、裏帳簿を作って不良債権の額を過少申告する銀行、医療過誤に口裏を合わせる病院は、身内と世間を分け隔て、たとえ法に触れる行為であっても身内を守ろうとする体質の表れである。

そのような世界に憤っていても始まらない。だれでも自分はかわいいものだし、その自分とよりつながりの深い身内は赤の他人よりも守りたいものである。しかし、だからこそ、その「他人を傷つけ、身内を守る」という行為を阻む制度の構築が必要なのである。

実際、減免制度は企業のコンプライアンス（法令遵守）活動にとって追い風となる。同制度がなければコンプライアンスは企業には単なる負担でしかない。それに対し減免制度の下ではコンプライアンスが整備されている企業が有利となる。

たとえば自社のカルテルをコンプライアンス担当者が発見したとしよう。従来の制度では、この担当者は企業にとって裏切り者である。それに対し減免制度の下では売り上げの何％かを救った功労者になるのである。

減免制度はその字義通り、「自首」企業にとってリニエント（寛大）でなくてはならない。そのためルールを透明化するとともに、刑事告発を行わないよう、制度を整備することが必要である。逆にコンプライアンスが不十分な「黙秘」企業に対しては刑事告発を積極的に行うことによって、「黙秘」よりも「自首」を選ぶインセンティブが増す。

国や自治体そして企業が競い合って改革を進めていけば、真の競争規範がはぐくまれていく。競争なしにはトヨタやソニーは誕生しない。談合などではなく、正しい努力をした個人・企業が報われる社会の構築こそが閉塞感を打ち破るために日本が必要としているものである。

しかし、バブル崩壊後の景気対策や政治家の地元への利益誘導に絡んで、一九九〇年代には公共工事が増え、これに伴って談合を通じた超過利潤が生じたことで、建設業にはうまみが増してきた。その結果、建設業許可業者の数は一九九〇年から二〇〇〇年にかけて約五〇万社から約六〇万社へと増加する。その間、一時は建設業の売上高経常利益率もかなりの水準にまで上昇した。

それと同時に増えすぎた企業数に圧迫されて利益率も伸び悩んでしまう。そうこうするうちに財政再建の声の高まりによって、公共工事の拡張路線は後退し、現在は縮小基調にある。さらにそれに伴い、企業数も〇三年ごろにかけて減った。つまり、建設業界の公共工事依存体質が現在の苦しみを生み出したということになる。

談合は麻薬のようなものである。最初は超過利潤を稼げるが、やがてそのうまみを求めて企業参入が起こり、過当競争を招いてしまう。そうなると、苦しい企業はますます談合に頼る。ついには談合がないと生きていけない体質になってしまうのである。常習状態から抜け出すためにも、談合と決別し、健全なルールに則した競争が必要になってくる。その意味でも独占禁止法の改正や官製談合防止法、それに入札制度改革といった近年の一連の動きは、長期的に日本の建設業を健全にする基盤となろう。利益率の低さだけに目を奪われないようにすべきである。

◆リニエンシーの効果

最終的に独占禁止法は二〇〇五年に成立し、二〇〇六年に施行された。「リニエンシー（措置減免）制度」も正式に採用された。カルテルや談合が発覚すると課徴金を徴収されるが、改正独禁法では課徴金の算定率が大企業製造業などの場合、売上高の六%から一〇%に引き上げられ、かつ再犯は五割増しになった。

一方、カルテルや談合などを行っていた企業がその罪を認めて、当局である公正取引委員会に通報すると、状況や通報順位に応じて課徴金が減免されるリニエンシー制度の減免率は最初に通報（立ち入り検査前）すると一〇〇%（全額免除）だが、二番目（五〇%）、三番目（三〇%）と通報が遅れるにつれ下がるしくみで、早めの通報を促している（再改正され、現在では、第三社〜第五社が三〇%の減免を受ける）。

この制度は、ゲーム理論にある「囚人のジレンマ（ともに黙秘を続けることで事前に合意していた囚人たちが、自分だけ割を食うのを恐れて合意を破り、全員自供してしまう）（後より詳述、図5－4参照）」の典型的な応用例であり、企業にコンプライアンス（法令遵守）を促す制度でもある。前述したように、これまでだと、談合など企業の法令違反に内部の人間が気付いてもそれを当局に伝えることは、企業利益に反する行為だった。しかし、今後はそれが企業利益にもつながる。つまり、コンプライアンスに熱心な企業ほど得をするという制度である。

結果は一部企業が主張していたように、談合・カルテルの摘発は進まなかったのであろうか。図5－3は二〇〇七年度以降の課徴金減免申請件数（右目盛り）と課徴金納付命令額である。件数、額ともに増えていることが見てとれる。企業間の競争を促す政策は談合・カルテルの摘発によって確実に高まっていることがわかる。コンプライアンスの意識がどこまで浸透したかは不明だが、企業に不利益を与えないための意識改革は進んでいることが期待される。

◆企業結合

二〇一二年、新日本製鉄と住友金属工業が合併し、新日鉄住金となった。国内シェア約4割、世界第二位の粗鋼生産量を誇る巨大企業の誕生である。合併発表の当初、独占力を警戒する声と、日本の鉄鋼業の競争力が高まると歓迎する声とがあった。時間を巻き戻してそのときの議論を見ておこう。

独占力の行使とは何だろうか。囚人のジレンマの図（図5-4）で見てみよう。ただし、ラベルは「囚人」仕様ではなく「企業」仕様にしてある。図には各企業の利得（生産者余剰）の他に、カッコ内に消費者の利得（消費者余剰）を書き入れた。

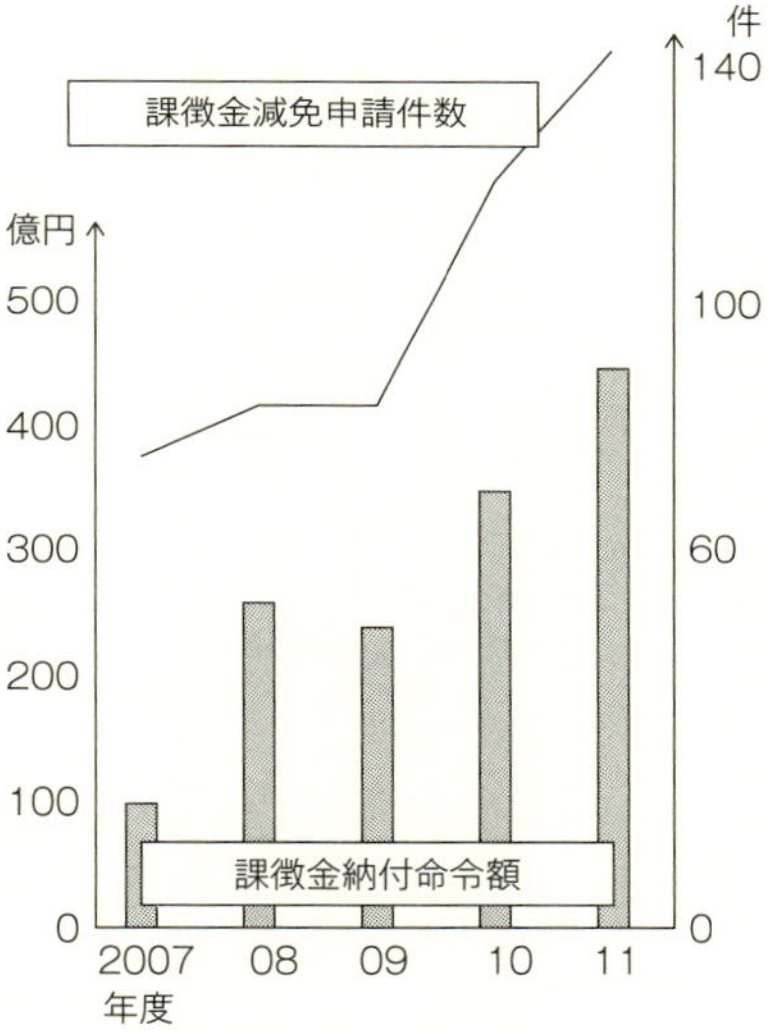

図5-3　談合・カルテルの摘発は進んでいる

この状態では互いに「低価格」を付けるという戦略が最善になる。「高価格」同士の組と比べると、企業の利得は小さいものの消費者の利得は大きく、その増加分が企業の利得の減少分を上回ることが知られており、全体の利益（社会厚生）は増大する。図の数字はそうなるように与えている。

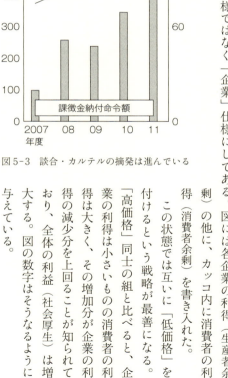

図の数値を用いて企業AとBが経営統合したときの効果を見てみよう。企業AとBが統合すると、これまでと異なり、経営陣にとって重要なのはAとBの利得の和ということになる。したがって、高価格策を採った場合の企業の合計利得は4、低価格策を採った場合の合計利得は2となり、高価格策が最善となる（統合した同じ企業内で価格差を設けることにはあまり意味がないため無視する）。その結果、低価格なら4あった消費者の利得は高価格の下では1となり、消費者の利益は損なわれ、社会厚生にも悪影響が及ぶのである。

独占禁止法は、こうした独占の弊害の阻止も検討する。新日鉄と住金の合併時も独占禁止法を管轄する公取委がどう出るかが一つの焦点だった。結果的に、公取委はこれを認め、合併が実現した。なぜ、公取委は独占の弊害を知っていながら、合併を認めたのだろうか。次にこの点を見ておこう。

新日本製鉄と住金が合併の申請を公正取引委員会に行うことを発表したのは二〇一一年初頭である。この申請に対する公取委の判断は今後のさまざまな業種での業界再編を左右するとも言われ、その帰趨《きすう》に産業界の注目が集まった。

実は以前にも似たような事例があった。新日本製鉄は日新製鋼への出資比率を高め、ステンレス事業を強化したい意向といわれていたが、いっこうに実現しなかった。これについて

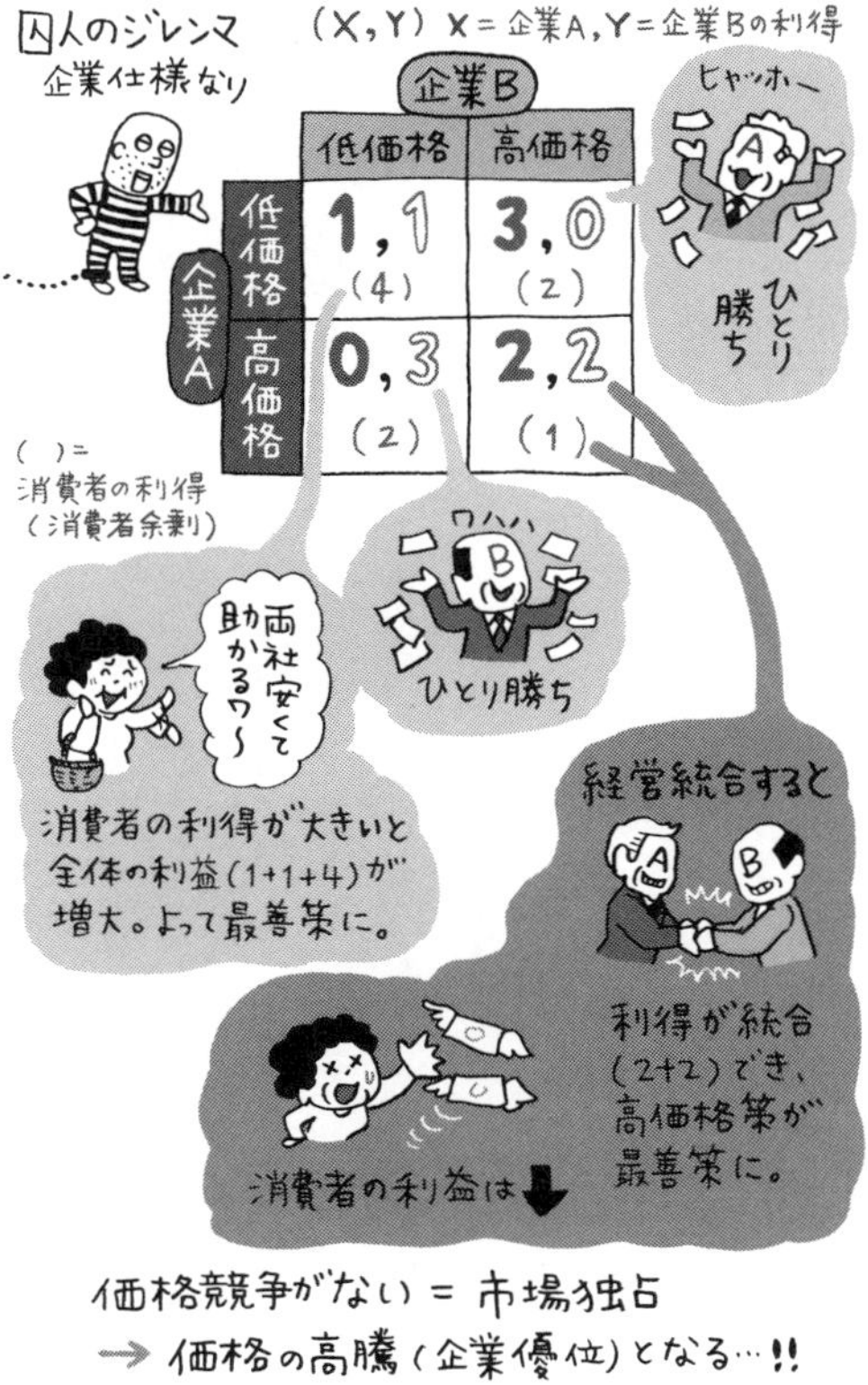

図5-4　囚人のジレンマ（企業仕様）

は、公正取引委員会が新日鉄からの事前相談に対し、公取委が事実上「待った」をかけたとの報道もなされた。

企業結合の規制は、独占の予防という点で典型的な事前規制であり、事後規制の強化とは方向性が異なる。実際、企業結合と談合とは大きな違いがある。

一部のカルテルを適法と認めてきた日本と異なり、談合やカルテルを「それ自体で違法(per se illegal)」と呼ぶ米国ですら、企業結合の規制には慎重だ。カルテル体質の鉄鋼業には企業結合も認めないという考えもあるが、江戸の敵を長崎で討つとの印象はぬぐえない。他産業では企業結合で、公取委に断られるかもしれないと判断を遅らせているうちに、海外企業に買収された例すらある。政府は、国内産業、ひいては国家を衰退させないよう、企業結合審査の透明化と迅速化を含めた見直しを図らなくてはならない。

公取委が新日鉄と住金の合併を容認した理由は二つある。一つは貿易ができる財の場合、国内シェアのみでなく、海外シェアにも目を向けて独占力を測ろうという考え方を採用したことである。日本国内では、粗鋼生産量約四割という圧倒的なシェアの新日鉄住金も世界全体では、約3%とそれほど大きなシェアではない。第1位のミタルは2倍の約6%。中国もベスト5に二社入っている。これでは、独占力を行使して高価格を維持するのは容易ではない。

もう一つは規模の経済性だ。規模の経済性は、生産量を二倍に増やすためのコストが二倍未満に収まる状況を指す。つまり、生産一単位当たりの費用は低くなるわけだ。様々な産業で見られる現象だが、鉄鋼業のような大規模な装置産業では、この効果が顕著に表れる。

単位当たりの費用が下がれば、価格にも好影響が出る。あとはすぐれて実証の問題だが、合併で競争の度合いが弱まり価格が上がる可能性が増える一方、規模の経済性によって逆に価格が下がる可能性もある。

どちらの効果が大きいかは科学的な実証分析が難しい。その場合、市場に政府が介入すべきか否かという思想的な議論が鍵を握ることになってくる。

米国でマイクロソフトの分割案が出たとき、市場の力を信じる米国は政府介入を嫌い、分割案が立ち消えになった。これも、実証分析の結果というより市場への政府の原則不介入という立場が勝ったということができよう。

第Ⅱ部

みんなのための市場

第六章　「ふつう」の人のための市場

◆「そんな色はない」

我々の研究チーム「社会的障害の経済理論・実証研究」で、不完全ではあるものの色覚障害に関するページをウェブサイト（色覚動画チーム：冨田佳樹・丹羽太一・塔島ひろみ、責任者：松井彰彦）に載せたところ、瀬戸内地方に暮らす男性当事者の方と詳しくやりとりする機会に恵まれた。ご本人の快諾の下、内容を一部紹介したい（引用箇所では原文のまま「色盲」という用語を使用している）。

「小学校の美術の時間は辛い時間でした。「そんな色はない」、「そんな色はしていない」と言われ続けていました」という男性は、家の中でもその話はタブーで「非常に自己否定的な感情を持って」いたという。しかし、中学三年生のとき、「数学の先生も色盲である」と知ったことで転機が訪れる。「先生も「自分もだ」と述べ、人口の五％程度は色盲であり、特に文化人に多いのだ、と教えられ……個性の一つとして相対化できるようになるきっかけを与えてくれました。この転機が訪れるまで、色盲であることは覆すことのできないディスアドバンテージでした。いまでは、取るに足りない不具合または不便、と考えるに至っています」

かつて「色盲」と言われていた、D型・P型色覚の人は、合わせて日本人男性の約五%、女性の約〇・二%存在する。この色覚は、「異常」「障害」ではなく、多数派色覚のC型と型が異なるにすぎないという考え方から、「色盲」という表現は現在廃止され、雇用時の差別も禁止されるようになった。しかし社会の「色」自体は、ほとんどC型用にデザインされたまま変わっておらず、差別がなくなっても生きづらさはあまり改善されていない。たとえば交通信号、地下鉄路線図、地図の色分けや道路標識などは、ほとんど「赤」と「緑」の色相差に敏感であるC型にとっての「色境界」をもとに、デザインされている。

D型・P型色覚にとっては、「赤」や「緑」は特徴のある色ではなく、「赤」「緑」という色の名前自体が意味を持たない。一方、D型・P型色覚の人にとっては明確に異なる二つの色が、C型にとっては同じ「緑」同じ「赤」に見えたりする。

つまり、D型・P型にとっての「色境界」をもとに社会がデザインされたとき、その社会ではC型は信号、標識、地図を見分けることのできない「色盲」になるのである。

少数者に配慮し、自然体で接する社会は多数者にも暮らしやすい社会だ。いや、多数＝少数という言葉自体が私たちを区分けし、不要な偏見を生み出す。私たちはみな、何らかの形で社会に合わせている。それが過剰になれば、息苦しさを感じ、みんなが暮らしにくい社会になってしまう。「ふつう」から外れた人は少数者となり、暮らしにくさのみならず、偏見にも悩むことになる。さらに、ある少数者を「ふつう」に近付けようとすると、他の少数者がそれを応援するどころか妬むことすらある。

そうそう、前述の瀬戸内の方が島の絵を描いて送ってくださった。同じときに撮ったという写真と絵をPCで白黒に変換してみて驚いた。僕には見えなかった海の濃淡がそっくりなのだ。それを見て、瀬戸内旅行を思い出した。日が沈むと色は次第に衰え、星が瞬きだす。全てが濃淡の世界になり、島影がくっきりと夜空に浮かびあがる。私たちの住んでいる社会で色覚障害者と呼ばれる人は、あの光景を最もはっきりと、最も美しく見られる人なのかもしれない、と思った。

◆障害者が働ける市場

様々な法律にみられる「障害者は○○できない」という障害者欠格条項は市場から障害者を排除するものだ。とくに労働市場における欠格条項は、働くという、人間が生活の糧や生きがいを得るために必要な根源的活動への参加権を奪っているという点で甚だ問題である。

栗原《くりはら》房江さんは聴覚に障害のある看護師である。彼女が直面した欠格条項が、「……耳が聞こえない者……には、免許を与えない」（当時）というものだった。幸い彼女の受験の年から「免許を与えないことがある」という文言となり、国家試験に合格、病院に採用されたのである。

あるとき、栗原さんは末期がんの患者さんの要望を聞き違えるという失敗を犯す。失敗の理由を問う患者さんに難聴のことを伝えると、その人は、「障害があっても看護師として仕事ができるというのはいいことだ。あなたは患者と同じ視点から物を見ることができる貴重な存在だ」と、共に涙を流しながら語り合ってくれた。亡くなる数日前のことだったという。障害のある医療者は目線が一段低く、患者が気おくれせず、親しみを感じるともいわれる。画一的に障害者を労働市場から締め出すことの愚かさをこのエピソードは物語っている。

栗原さんは現在、次世代の人々が障害により職業選択の自由や希望を奪われることのない社会をつくるべく、看護師として奮闘しながら障害のある医療者の研究に取り組んでいる。

「障害者欠格条項をなくす会」の臼井久実子事務局長は、依然多い欠格条項は、障害や病気をもつ人への強いマイナスイメージをあらわし、どんな支援や工夫があれば途中で障害や病気をもっても働き続けられるかという視点が希薄だと述べる。

思い込みで一部の人々を市場から排除する法律や規範はそここに見られる。私たちはみんなのための市場を作るべく、不要な参加制限を撤廃していかなくてはならない。

法律で労働市場への参加権が得られたからといって、世の中がすぐさま変わるというわけではない。これまでの慣習や規範が障害者の労働市場への参加を妨げる。技術進歩によって、自宅にいても様々な仕事ができるようになった。この原稿もほぼ自宅で執筆しており、人に会うときや会議、そして講義以外にオフィスに行く必要性はあまり感じられない。現実には、研究者のような一部の職種を除いて、このような仕事の形態を採れる労働者は限られている。毎朝オフィスに行き、夕方オフィスを出る。いわゆるホワイトカラーと呼ばれる労働者の過半はこのような勤務形態を採っている。

東京で働くホワイトカラーたちが否応なく出くわすのが通勤時の混雑である。この混雑は非障害者でも辟易《へきえき》とするが、車椅子利用者にとっては、ほぼ物理的に不可能な移動障壁となる。中には、重度のため空《す》いている時間でも毎日の通勤は難しいという方もいるだろう。

彼らの就労を拒んでいる最大の障壁が「通勤」である可能性がある。

IT関連やデータ処理の仕事をこなしてもらうのであれば、在宅でも十分戦力になる（ちなみに言っておくと、内職のようなアルバイトではなく、雇用関係を結ぶ）。東京大学はこの点に鑑み、二〇一〇年、先駆的な企業に倣って在宅就労制度を導入し、早速、僕の研究室で三名の車椅子利用者が働き始めた。もちろん、物理的な仕事場はそれぞれの自宅である。研究室のホームページの管理やデータ処理・入力などの仕事に従事している。

何が仕事にとって本質的な能力で、何が工夫すれば取り除ける障壁かということを考えていけば道は拓《ひら》ける。少子高齢化の中、産めよ殖やせよ、という政策も大切かもしれないが、今目の前にいる人々に就労機会を与え、社会に包みこむための施策も大切なことではないだろうか。

◆希少がんと闘う舞姫

二〇一六年七月三〇日、特定非営利活動法人「医療ガバナンス研究所」（上昌広《かみまさひろ》理事長）所属で、私たちの研究チーム「社会的障害の経済理論・実証研究」（REASE）のメンバーでもあった吉野ゆりえさん（48）が亡くなった。五年生存率七％といわれる希少がんのサルコーマと闘病すること一〇年、一九回の手術と六回の放射線治療という過酷な闘病生活を経てのことであった。

多才な方だった。筑波《つくば》大学在学中にミス日本を獲得すると、卒業後はプロの競技ダンサーとして活躍。世界で最も権威あるブラックプール選手権ではラスト24に入る。

彼女が異変に気付いたのは、競技ダンスを休止し、後進の指導やボランティア活動に多忙な日々を送っていたときであった。診断は卵巣囊腫《らんそうのうしゅ》。良性とのことで彼女は腫瘍の摘出手術を受ける。病理検査の結果、平滑筋肉腫《サルコーマ》という「がん」であることが判明する。時すでに遅し。良性だと考えて、お腹の中で切り刻まれた「それ」は身体中にばらまかれてしまった。

サルコーマはわが国の患者数が約三〇〇〇人という希少がんである。そのため専門医もほとんどおらず、研究も進まない。専門医がいなければ、他の病気とも混同されやすい。がん全体の患者数は一年間に約一〇〇万人（発症者数）で、約四〇万人が亡くなる。国の対策も胃がんや肺がんなど患者数の多いがんが中心となる。上氏は、「サルコーマの専門医だけでは食べていけない」と言う。「難病」とは、症例が少なく医療的に難しい病気というだけでなく、患者数が少ないため経済的に研究や治療が困難な病気なのである。

一括《くく》りにされることが多い難病は欧米では希少疾患と呼ばれる。一つ一つの患者数は少ない。しかし、世界保健機関（ＷＨＯ）の研究によれば、現在確認されている希少疾患は五〇〇〇から八〇〇〇ある。一五人に一人が罹患《りかん》しているとされ、単純に日本に当てはめれば、約八〇〇万人で、がんや糖尿病の患者数よりも多い。

一方、国が難病と指定する疾病（特定疾患治療研究事業の対象疾病）は三三〇（二〇一七年四月以降）、対象患者数一五〇万人（厚生労働省の試算）に限られる。「診断方法が確立されている」一方で、「治療方法が確立されていないこと」などが基準となり、多くの難病には制度の光が当たらない。

仮に治療法が確立され、薬が開発されても、高額なものにならざるを得ない。例えば、推定患者数約八〇〇〇人の慢性骨髄性白血病では、イマチニブ（商品名、グリベック）という分子標的治療薬が開発されている。従来の抗がん剤とは異なり、特定の細胞を標的とするため、正常細胞が傷つきにくく、副作用が少ない。

しかし、一錠の値段が数千円で、これを毎日四錠、一生飲み続けなくてはならない。治療法が確立されていることから、指定難病ではない。幸い、わが国には「高額療養費制度」という患者の負担を一定額で抑える制度があるため、患者の個人負担は年額五〇万円程度に抑えられる。とはいえ、幸運にも三〇年間生きられた場合の負担額は一五〇〇万円となる。

当時東京大学医科学研究所に在籍していた児玉有子《ゆうこ》さんが二〇〇九年に私たちのチーム（担当者：両角良子《もろずみりょうこ》）と行った調査（五六六名対象）によれば、患者の中には、経済的な理由から薬の服用を止《や》めることを考えたという回答が四割近くに上っている。

厳格な基準の下で難病を指定していく現行の制度では、必ず制度の隙間に落ちる人が生じる。市場が成り立たないのだ。病名ではなく、患者の生きづらさを基準に解決を図る必要がある。

そのためには、保険制度および医療制度の抜本的な見直しが急務である。現在の保険制度では、一般患者の窓口負担は三割で、残りの七割は保険および国の借金でカバーされる。一万円の医療費が生じたときに三〇〇〇円に割り引いてもらうことが保険の存在理由ではない。自動車保険に免責制度があるように、所得に応じる必要はあるだろうが、一定額までは全額患者負担でもよい。そこで生じた資金を難病治療に回すことこそが、万が一に備えるという保険の存在理由ではないか。

さて、吉野さんの話に戻ろう。彼女は希少がんであるサルコーマの治療・研究センターを立ち上げるために奔走する。彼女の熱意と拠点形成の必要性に動かされたがん研有明病院の土屋了介理事（当時）は二〇一二年、「サルコーマセンター」を設立する。吉野さんの伝手《つて》でテレビ局がセンター設立を報道すると、症例が一気に約二倍となり、研究の基盤が整備されることになったという。

サルコーマセンターは、吉野ゆりえさんという情熱と行動力のある患者が心ある医師を動かした結果、立ち上がった。政府に難病対策の推進を求めていくことももちろん大切であるが、患者が直接医療現場に働きかけていくことも有効な手段になることを吉野さんは自ら示した。彼女の闘病、サルコーマセンター設立、そして舞姫としての活動の記録は、吉野ゆりえ著『三六〇〇日の奇跡――「がん」と闘う舞姫』（星槎《せいさ》大学出版会）に収められている。完成した本が彼女の手元に届いたのは、亡くなる前日のことだったという。吉野ゆりえさんのご冥福をお祈りしたい。

◆制度の隙間に光を当てる

「あなたは年収四〇〇万円ですので、今後年間五〇〇万円の医療費を負担していただきます」といきなり言われたら、あなたはどう感じるだろうか。難病対策で同様のことが起きようとしていた。

東京大学経済学研究科所属の大関智也《ともや》さん（40）は、同大の「障害者のための在宅就労制度」に基づき、自宅で働く車いす利用の職員である。元から足が不自由だったわけではない。多くの人々と同様、ふつうに大学に行き、その後学問を志し、大学院に進学した。異変を感じたのは今から一四年ほど前、化学の修士課程を修了して博士課程に進学した直後のことである。初めに現れた症状は右手のしびれと、右足のつまずきだった。

三カ月後に下された診断名は難病ないし希少疾患とされる多発性硬化症。日本での患者数は一万二〇〇〇人程度、政府により指定されている特定疾患の一つである。欧州での調査によると、希少疾患患者は合計すると人口の六～八％と、糖尿病患者よりも多い。一つ一つの病気の患者数は少ないが、その種類が五〇〇〇以上もあるからである。決して、他人事ではない。ある日突然、事故のように、ふつうの生活を送っていた私たちを襲う病気、それが難病である。

二〇一三年秋、「難病に係《かか》る新たな医療費助成の制度案」が厚生労働省の難病対策委員会から出された。この施策が実現すれば、二人世帯で世帯年収四〇〇万円のモデルケースにおける特定疾患患者の負担額は、当時の月一万一五〇〇円から月四万四四〇〇円へ、ほぼ四倍に増加する。年間では約五三万円となり、年収に対する負担率は一三％となる。一時的な支出で済む一般の傷病と異なり、難病の場合、生涯続くことが多いため、例えば余命三〇年とすれば、一五〇〇万円超の負担が生じる。

作家で難病患者でもある大野更紗《さらさ》さんは「経済的理由から生命維持に必要な受診を抑制する人や、医療費の重い負担に耐えかねて心中や自殺を考える人が続出するのではないか」と懸念を表明し、猛反発した。彼女たちの運動の甲斐《かい》もあって、無謀な案は避けられた。しかし、根本的な解決にはほど遠い。

難病医療費等助成制度は保険ではなく、いわば難病研究の一環と位置付けられている。現行制度の問題点は、特定疾患に指定されない限り、難病であっても助成が受けられず、不公平感が生じる点である。そこで、対象疾患数を増やす代わりに、この助成制度の患者負担の水準を引き上げ、より一般の傷病に対応した高額療養費にあわせようというのが難病対策委員会の改正案である。

難病対策の予算には限りがあるから、一方を手当てすれば他方には我慢してもらうしかないでしょ、という官僚の意図が透けて見える。これは実に巧妙なやり方だ。なぜなら、古代ローマ帝国の植民地支配政策である「分割して統治せよ」よろしく、難病患者の間で立場の違いが生じ、意見の統一がしづらくなるからだ。

しかも、指定難病の数は漸増傾向とはいえ、五〇〇〇～七〇〇〇のうちの三〇〇超で、推定難病者八〇〇万人のうちカバーされるのは四分の一未満である。

しかし本来、難病患者の医療費は研究のための難病対策費ではなく、医療保険によって賄われるべきである。そして万が一に備えるという保険の本来の役割からすれば、自己負担の上限額はもっと引き下げられるべきであろう。「事故を起こした場合、一五〇〇万円までは自己負担が必要です」と聞いて、そのような自動車保険に加入したいと思うだろうか。

自己負担の上限額を引き下げよ、と言うと、必ず医療保険財政の制約が持ち出される。これに対し、医療経済学が専門の一橋大学教授の井伊《いい》雅子さんは「難病の患者さんにかかる医療は、一人当たりは高いが、人数は少ないので、総医療費に占める割合は低く、医療費の多くは生活習慣病など慢性疾患に使われている」と述べ、生活習慣病の予防や薬の過剰投与削減に向けた改革の必要性を説くとともに、「公的な保険制度は難病の患者さんのためにこそ、使われるべきなんです」と現在の制度に憤る。

難病の問題は未《いま》だ未解決である。それは現在の市場制度と医療制度、そして障害者制度の間に隙間があり、そこに落ち込んでいる人が数多くいることを私たちに教えてくれる。

改革は大切だが、社会制度の隙間に落ち込んでいる人に光が当たらなければ、何のための改革かわからない。一部の人を切り捨てる社会はそれ自体で貧しい社会である。繰り返そう。

難病問題は社会のごく一部の人たちだけの問題ではない。私たちは歳もとるし、病にもかかる。難病も私たち全てがかかり得る病なのだから。

第七章　市場は差別を助長するか

◆差別と偏見

人が集まるところには、必ず人間関係が発生する。人間関係が発生すれば好きな人、嫌いな人も出てくるだろう。個人的な好き嫌いが高じると、嫌いな人が属している集団まで嫌いになったりする。このような形で、ある集団に対して抱いてしまう負の感情を偏見と呼ぶ。

一方、ある集団に対して、他の集団よりも不利益を与えるような行動を採ることを差別と呼ぶ。経済学的に言えば、偏見の有無が目に見えない心の動き、すなわち選好――好き嫌いの順序――で、差別の有無が目に見える行動、すなわち選択ということになる。差別は意識的なものとは限らない。第六章で見た「ふつう」の人のための市場は、市場に参加できない人を排除するという意味において、差別的行動であり、多くの人はこのような行動を無意識のうちに採っている。

社会学者のロバート・マートンは、これらの差別と偏見を元に、その有無によって表7－1のような四つの理念型を考えた。このうち、選好と選択が対応するという考え方に基づく

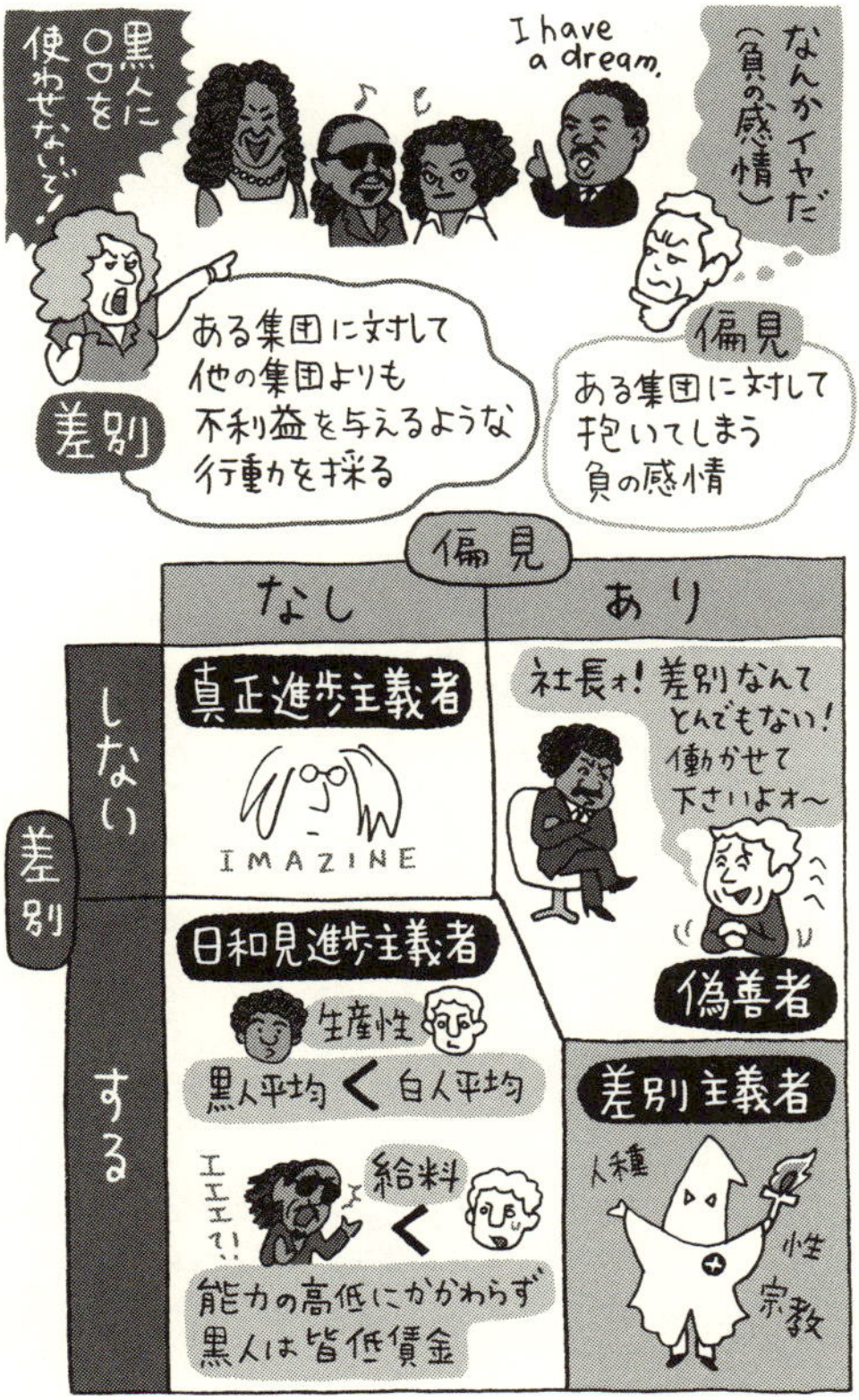

表7-1　差別と偏見：マートンの4つの理念型

と、「偽善者」と「日和見進歩主義者」は少しわかりにくいかもしれない。

ノーベル経済学賞受賞者のゲイリー・ベッカーは、偏見を持つ人間が差別的な行動を採れば市場から駆逐されるという議論を展開し、市場には差別を減じるメカニズムがあると主張した。理念型で言えば、差別主義者であっても、市場で活動していくためには、差別的行動をしてはならないという競争圧力が働くというわけだ。そのため、そのような人々は偏見はあるが、差別はしない、いわゆる「偽善者」になっていく可能性がある。

一方、同じくノーベル経済学賞受賞者のケネス・アローはそれでも残る人種差別を説明するために、統計的差別という考えを打ち出した。黒人の生産性が平均的に白人よりも低いならば、黒人は能力の高低にかかわらず低い給料しかもらえない。これは偏見がなくとも統計データを一律に当てはめて、不利益を与えるので、「日和見進歩主義者」の説明に使える。

この辺りのことを詳しく見ていくこととしよう。

◆市場は偏見や差別を助長するか

ひところ「市場原理主義」という言葉がはやった。市場は弱肉強食の世界で、格差やそれに伴う差別や偏見を助長するといったような論調も見られる。市場は本当に差別や偏見を助長するのだろうか。

ゲイリー・ベッカーは、この問題を市場理論の観点から分析した。彼が考えた差別は、「生産性が同じであるにもかかわらず、白人と黒人の二人の候補者がいる場合には白人を雇う」というようなものであった。

例えば、黒人に対して偏見のある経営者と偏見のない経営者を考えてみよう。今、話を簡単にするために、あるポジションに対し、同じ生産性の白人と黒人の二人の候補者がいて、白人の給料の相場は四万ドルであるのに対し、黒人の給料の相場は三万ドルだったとする。これは、白人に対する需要は両方のタイプの経営者から生み出されるのに対し、黒人に対する需要は偏見のない経営者からしか生まれないため、需給関係によって黒人の給料が下がることによる。

偏見のある経営者は白人を採用するのに対し、偏見のない経営者は黒人を採用するだろう。偏見もなく、生産性にも差がないのであれば、安価な労働力のほうが市場原理にかなうからだ。

さて、この市場ではどちらの会社が生き残るだろうか。他の点で差がないのであれば、差別しない経営者の会社のほうが生き残る、とベッカーは主張する。差別する経営者は折角の安価な労働力をみすみす逃してしまっているため、その分コスト高となって、市場の競争圧力の中で負けていくだろう。だから、市場には差別を減らす力がある、というのがベッカーの結論だ。

しかし、それならば市場原理が貫徹した米国では偏見や差別が減少していくはずだ。なお根強い人種差別はどこから来るのだろうか。実際に黒人は平均的に生産性が低いのかもしれない。この点をもう少し見ていこう。

◆統計的差別

ベッカーの議論を信じるのであれば、「生産性が同じであるにもかかわらず、給料が高くても白人を採用する」という差別は市場原理が貫徹すれば解消していくことになる。裏を返せば、あれだけ市場原理が貫徹した米国で、黒人の給与が白人の給与よりも低いのは、偏見や差別のせいではなく、実際に生産性が低いからだ、ということになる。

いや、能力が高い黒人も低い給与に甘んじている、という声があがるかもしれない。この問題に答えたのがケネス・アローの統計的差別という考え方だ。

ベッカーの議論のときと同様、あるポジションに対し、白人と黒人の二人の候補者がいるとしよう。経営者は黒人を嫌いとかいう感情は持っておらず、純粋に自社の利益のことを考えているとする。ただし、目の前の候補者が本当にどのくらいの生産性を有しているかはわからない。このとき、この経営者はどちらを採用するだろうか。

経営者は過去の経験や（本当に存在するかは別として）統計データから、平均的に白人のほうが黒人よりも生産性が高いと考えていたとする。すると、たとえ目の前の候補者二人に関する情報が人種以外の側面では同じだったとしても、平均的に白人のほうが生産性が高いだろうと予測する。結果的にオファーしている給与が同じであるならば、白人のほうを採用することになってしまうのである。

この経営者が偏見を持っていなくても、統計を見ることで差別的な取り扱いをすることとなってしまった。このような差別を統計的差別と呼ぶ。

それにしても、本当に市場原理が貫徹した米国においては偏見に基づく差別がなくなっているのだろうか。

偏見や差別は人間関係の中で発生する。その人間関係を科学するゲーム理論でこの問題を読み解いていこう。

◆男女のせめぎ合いと独立住民投票

偏見や差別は人間関係の中で発生する。その人間関係を科学するゲーム理論をまず簡単におさらいしておこう。恋愛、同僚、労使、友人関係など、どのような関係であれ、人と人が出会う場では相手を読む——相手の立場や気持ちを考えるということが大切であることは言うまでもない。人間関係を読み解くゲーム理論が必要となってくるのである。

ゲーム理論によく登場するゲームに男女のせめぎ合い（バトル・オブ・ザ・セックス）というものがある。表7－2がその基本形だ。

男性と女性がデートに行こうと考えている。男性はオペラ好きであるのに対して、女性はテニス好きである。もちろん、デートなので別々のところに行くのは、二人とも避けたいと考えている。

二人ともオペラを選べば別々のところへ行くよりはよいが、男性はよりハッピーな気分になれる。一方、二人でテニスに行けば、満足度がより高いのは女性のほうだ。

このゲームには二つの安定的な状態、すなわち均衡がある。一つは二人ともオペラに行くというもので、二つめは二人ともテニスに行くというものである。これらの状態が嫌だと言って、自分独りで違う行動を採ると、より満足度の低い状態に移ってしまうからだ。

表7–2　男女のせめぎ合いゲーム

さて、どちらの均衡が実現するだろうか。

もう少し背景が分からないと判断できない、という答えが返ってくるかもしれないが、正にその通りである。もし、亭主関白な家庭の夫婦ならば二人でオペラに行くかもしれないし、家庭円満な夫婦であれば、お互いに譲り合った結果、テニスに行くかもしれない（夫婦でデート、素敵ですね）。それに対して、男性が主導権を取っているような場合でも、これからプロポーズというときならば、あえてテニスに二人で行こうとするだろう。均衡が二つある場合には、ゲームの外側にある追加的な情報が重要な要素を占める可能性が多々ある。

同じゲームで、「オペラ」を「英語」、「テ

表7−3　独立問題への応用

ニス」を「仏語」と読み替えると、民族問題を分析することができる（表7－3）。その辺りのことを次に見ていこう。

二〇一四年九月に実施されたスコットランドの独立の是非を問う住民投票では、独立反対派が五五％の票を得たことで、独立に向けた動きはとりあえず収まった。しかし、この動きは英国を大きく揺さぶるとともに、スペインのカタルーニャ地方やバスク地方、またベルギーのフランドル地方など独立志向の強い地域に影響を与えている。

ここでは、やや古くなったが、一九九五年のカナダのケベック州の独立の是非を問う住民投票のケースを見ておこう。カナダの人口はおよそ三〇〇〇万人、うち英語系住民が六割を占め、政治経済を握っている。一方、ケベック州は人口七〇〇万人のうち仏語系住民が八割強と圧倒的多数を占めている。当時のブシャール州政府首相は、カナダ残留は二等市民に留まることを意味すると主張し、多くの仏語系住民が独立賛成に回った。一方で、独立は経済力が悪化すると考えた仏語系住民も多くいた。結果は、賛成四九・四%、反対五〇・六%でかろうじて独立は否決された。

前節のゲームを少し変えることで、同じ仏語系住民の間の意見の相違を捉えることができる。表の〝x〟は人によって異なる精神的な要因を表すマジック・ナンバーだ。

仏語系住民の多くが経済のことを心配しつつも独立賛成に回った理由は何だろうか。大きな要素の一つに言語問題がある。カナダの公用語は英語と仏語だが、言語というものはどうしても多数派に引きずられてしまう。私たちはみな、自分の母語である言語で取引や日常会話を行うほうが楽だから、多数派の英語が中心に用いられている社会では、仏語系住民はそれに合わせていかなくてはならない。英語主導の国に住み続けるか、そこから分離するか、どちらが望ましいかを分けるのは表の〝x〟の値だ。xの値が（1より）高い仏語系住民はどの道、「仏語」を選択するだろう。一方、〝x〟が1未満の人は多くの英語系住民がいる環境下では「英語」を選ぶだろう。

この状況下では、仏語系住民は英語系社会に同化していくか、仏語系社会に留まるかの選択を迫られることになる。この分裂は少数派社会のさらなる弱体化と互いの不信感を呼び起こすことになる。このような内部の分断も少数派の抱える問題である。

◆女性が輝く？

前節の議論は何も少数派にだけ成り立つというわけではない。男女の比率は生物学上はおよそ半々だが、カナダにおける仏語系市民と同様の問題——内部の分断の問題——に直面している。

その中でもとくに顕著なのが、専業主婦とキャリアウーマンの間に横たわる溝だ。最近、政府を中心に女性の潜在力を活《い》かすという議論があるが、あれなどを聞くと、やはり男性中心のものの見方だと感じてしまう女性も多いのではないだろうか。とくに専業主婦で子育てをしている女性は、まるで自分が生産性の低い（あるいは経済価値を産み出さない）仕事に就いているのだと指摘されているような気にもなるようだ。

結婚もせずにばりばり働いているキャリアウーマンもひところはやった「負け組」意識を持つ人もいる。では、家庭もキャリアも手に入れた女性が頂点に立っていい思いをしているかというと、そうでもなさそうだ。

それぞれの立場の女性が異なる価値観を持つことはよいことだが、それによって会話も成立しなくなる様は、まるで階級対立を見るかのようである。

それに対し、男性は評価が仕事という単線的な軸でなされることが多く、子供がいるか否かなどといったことは女性ほど問題にされないし、子供や結婚の有無で、「階級対立」のような溝は生じない。

これはなぜだろうか。一つには、職場、とくにトップレベルでの女性の比率が低いため、企業社会に限れば少数派になってしまうことが挙げられる。女性はその意図とは無関係に「分断」されてしまっているのである。

この専業主婦とキャリアウーマンの間の溝についてもう少し考えてみよう。表7－4はあえて男女対称的に作った家事分担ゲームである。このゲームでは、物理的な条件が同じでも、男性が「家事やらない」、女性が「家事やる」という均衡が一度実現すると、社会の中で安定的に推移してしまうことを表している。

それだけではない。働く女性が持つ葛藤ないし負担の一つに人々の価値観がある。男性は外で仕事をするのが当然で、家事は女性の仕事という価値観がそれだ。女性に不利な均衡が一度成立すると、均衡での行動そのものが男性のみならず女性の価値観にも影響を与え、ゲームの性質を変えてしまう。この点を少し詳しく見てみよう。

◆世界は心によってつくられる

一度、男性が「家事やらない」、女性が「家事やる」という均衡が実現すると、その均衡が安定的に推移するという話をした。この均衡が社会の中で定着すると、人々の価値観に影響を与えて、さらにその安定性を強めていく。このことを金子守教授と私が開発した帰納論的ゲーム理論を用いて考えてみる。

家事は普段からやっていなければ、相当億劫《おっくう》な作業だ。それでお金が得られるわけでもなければ、どこかで表彰されるわけでもない。だから、家事をやらない人にとっての家事をやることの心理的コストはますます大きくなってしまう。表7-5で「家事やる」ときの男性の利得を前回のもの（ないし女性の利得）に比べて2ずつ減らしているのはその状況を反映させるためである。

他方、自分が「家事やる」ものだと思っている人が「家事やらない」ことを選択すると、そこに罪悪感が芽生える。そのため、女性にとって、「家事やらない」ことの心理的コスト

上：表7−4　家事分担ゲーム　下：表7−5　家事分担ゲーム（価値観つき）

は増加する。表で「家事やらない」ときの女性の利得が前回のもの（ないし男性の利得）に比べて2ずつ減らしているのはそのためである。

このように心理的コストを含めた新しいゲームを見ると何がわかるだろうか。このゲームでは、男女の役割を入れ替えたもう一つの均衡（家事やる、家事やらない）は消えてしまっており、男性はとにかく「家事やらない」ほうがよく、女性は「家事やる」ほうが望ましくなってしまっている。元々は男女対称的だったゲームが、人々の経験によって歪《ゆが》められてしまうのだ。しかも、この歪められたゲームは、経験と整合的で「科学」の立場からは、反証されないという意味で「正しい」ゲームとして認識され続けることになる。

東京都葛飾区にある金町学園という聴覚障害のある子供たちが住み込みで学校に通うための施設を訪れたことがある。そこで使われる言語は手話である。手話ができない私たちは完全な少数派だったため、食事時の楽しい会話にも入れない。まるで私たちが「障害者」になってしまったかのようだった。

グロースが調査・研究した歴史的に興味深い例をお話ししよう。米マサチューセッツ州沖にマーサズ・ヴィンヤード島という島がある。農業・漁業を主産業とし、外界から隔絶されたこの島には、他でみられない特徴があった。三〇〇年以上にわたり、先天性ろう者の数が飛び抜けて高い比率を示していたのだ。これは遺伝性の聴覚障害が原因だった。

この島が特徴的だったのは、こうした遺伝の発生に対して、社会の側が適応してみせた点である。ヴィンヤード島では、三〇〇年以上にわたって、耳の聞こえる健聴者も手話で会話をしていたのだ。

米国の文化人類学者、ノーラ・E・グロース『みんなが手話で話した島』によれば、健聴者と先天性ろう者の比率は一九世紀には米国全体で約六〇〇〇人に一人だったのに対し、島全体では多いときには一五〇人に一人、隔絶の度合いが激しいチルマークという町では二五人に一人に上っていたという。

家族にろう者がいれば他の健聴者も手話を用いるようになる。手話は覚えれば便利な会話の手段だったようだ。声がかき消される海の上でも通じるし、教師が黒板を向いているときに「おしゃべり」もできる。

これらの事例でわかること、それは「障害」というのは社会の人間関係の中で生まれてくるものであって、必ずしも固定的なものではないということだ。それにもかかわらず、私たちは自分が慣れ親しんでいる社会を基準にして物事を判断してしまうため、障害を個人の属性と考えてしまいがちである。私たちの心が「障害」を生み出してしまっているといってもよい。

古代ギリシャの哲学者プラトンは、このような私たちの性向――自分の狭い経験だけから物事を判断しようとする性向――を指して、「洞窟の中の囚人」と表現した。また、仏陀《ぶつだ》は、「世界は心によって作られる」と述べた。

ある社会状態ができあがると、人々の心もそこでの経験を基準にして変わっていく。今でこそ、日本人は欧米人に比べて、清潔で働きすぎと言われているが、明治時代にアメリカ留学から帰国した津田梅子は、日本人を評して、だらしがなく、昼間から仕事もせずに怠けている、と評した。

長期雇用、専業主婦といった制度や慣習も日本社会の歴史から見れば、ごく近代の一コマに過ぎない。それを不変のものだと思うのは、私たちの限られた経験のなせる業なのである。

心が変われば進むべき道が違って見えてくる。例えば、健常者は配慮が必要ない人、障害者は配慮が必要な人と言えば、障害者の社会への包み込みはコストのかかる作業と考えられてしまう。他方、健常者は（階段の設置など）すでに配慮されている人、障害者は未《いま》だ配慮されざる人と考えれば、社会は機会の不平等を認識することになる。未来は、私たちの心のあり様で変えられる。仏陀の言うように、「世界は心によって作られる」のだから。

第八章　自立と市場

経済学は自立する個人を中心に据え、その行動を考える学問である。では、他人に依存しないと生きていけない障害者は自立できないがゆえに、経済学では見捨てられる存在なのだろうか。夫に家計を依存する主婦はどうなのだろう。冒頭でも触れた自立と依存、そして市場について考えながら、その答えを探ってみよう。

◆障害者の自立？

障害の当事者研究の第一人者である熊谷晋一郎《くまがやしんいちろう》さんの話を聞く機会があった。熊谷さんは、東京大学先端科学技術研究センターに所属する准教授で小児科医。生後すぐの高熱が原因で脳性まひとなり、現在でも車椅子の生活だ。

彼の母親は熊谷さんの教育に情熱を注ぎ込んだ。医師の指示のまま、健常者と同様の動きを要求され、うまくできないと叱られもした。ある時、熊谷さんはふと思った。「このままじゃ、僕は母が死んだら死ぬな」と。

親の反対を振り切って山口県から上京し、一人暮らしを始めたのが一八歳、大学生になったときだった。「自立した」と感じた。もちろん、様々な支援が必要な熊谷さんの生活は非障害者が思い浮かべる意味での「自立」とは異なるかもしれない。では、何が自立を感じさせたのだろうか。

「自立」は「依存」の対極である。熊谷さんは母親依存から脱却して、自分で自分の生活を組み立てるようになる。現在、熊谷さんの支援者はリストにあるだけで数十人に上る。必要に応じて、彼らに支援を要請するが、特別な一人に負担をかけることはない。太いが切れたら終わる一本の命綱に頼っていた生活から、ゆるいつながりで形成された支援の市場の網の目に支えられる生活となったのだ。

この話を聞いて、宮沢賢治の「なめとこ山の熊」という童話を思い出した。熊と豪気な猟師の小十郎、そして彼が命を賭けてとってきた熊の毛皮を二束三文で買い取る商人の話だ。なめとこ山の熊のことならおもしろい――。お話はそんなふうに始まる。熊が主人公かと思いきや、それを倒す豪気な猟師、小十郎の話だ。小十郎が熊の親子の会話を聞くところを読んで、ははあ、猟師と熊の話だなと思うと、また裏切られる。

この豪気な小十郎が町へ熊の皮を売りに行くときのみじめさがこの物語の主題である。町の荒物屋で、あの豪気な小十郎が、どう考えても安いとわかっている二円という値段で皮を買ってもらうために、必死に店の主人にお願いをするのだ。

この童話を読んで、市場の不条理を憤る人もいるだろう。反対に市場なのだから仕方ないとうそぶく人もいるかもしれない。だが、どちらの意見ももう少し吟味してみる必要がある。一番の問題は、小十郎がこの毛皮を強欲な商人に売るしかお金に換える方法を知らないという点である。小十郎の生活は商人に依存してしまっているのである。母親の愛情と商人の強欲を一緒にするなとお叱りを受けそうだが、「依存」という一点に関しては共通するものがある。

商人の強欲が問題になるのは市場のせいではない。むしろ、市場がない——小十郎に選択肢がない——ことが問題である。小十郎にとって、この商人は命綱なのだ。そして、そのことを知っている商人はそれを利用する。

市場の特質は、よかれあしかれ、そのしがらみのなさにある。もちろん、市場経済のもとでも、私たちは様々なものに依存している。スーパーやコンビニがなければ三度の飯も満足に食べられない。店にしても、お客が来なければ困ってしまうから客に依存している。しかし、特定の誰かと強い依存関係に陥ることはない。A店でモノが買えなくてもB店に移れる。

Cという客に嫌われてもDという客がモノを買ってくれれば店は商売になる。数多くのゆるいつながりに支えられた生活、それが市場経済の本質である。

熊谷さんは言う。「依存先が十分に確保されて、特定の何か、誰かに依存している気がしない状態が自立だ」。たくさんのものに支えられている状態が自立なのだ。

市場は多くの場合、様々な選択肢を私たちに与えてくれるが、それとても絶対視すべき存在ではない。お金を稼ぐことが自己目的になっている人がいる。これは私に言わせれば、お金依存症である。お金がないと不安で、何でもお金に換算しないと先に進めない。依存先がお金しかないのである。

先立つものがないのはさすがに困るが、お金で手に入れることができないモノもたくさんある。とくに精神的な満足感は多くの場合、市場以外のところで手に入れるしかない。大震災のとき、市場の物流がストップして、それ以外の物資調達が盛んに行われたり、人々の善意が市場の損得に代わったりしたことも記憶に新しい。

市場に依存しきってしまうこともまた、脆弱《ぜいじゃく》な基盤の上に立った自立と言わざるを得ないのかもしれない。私たちはそのことを十分認識したうえで、市場とのつき合い方を考えていかなくてはならないのではないだろうか。

さて、熊谷さんの話を聞いたのは、福島県立相馬高校でのことである。くしくも相馬は江戸時代末期の経世家であった二宮尊徳の直弟子が住み、報徳の教えを広めたところとしても知られている。その尊徳の言葉とされるものにこういうものがある。「道徳なき経済は犯罪であり、経済なき道徳は寝言である」。その言葉の意味を次に考えてみよう。

◆自分のことは自分で決める

二宮尊徳の言葉「道徳なき経済は犯罪であり、経済なき道徳は寝言である」。経済活動に、人をだまさない、おとしめないといった道徳観念が不可欠であるのと同様に、福祉活動でも、どうすれば障害児の能力を伸ばして世の中で生かすことができるか、といった教育投資の発想は欠かせない。

福祉は弱者を救うためだけに存在するのではなく、伸びようとする芽がぶつかる障害を取り除くためにも活用されるべきである。そうした理念で運営している福祉施設はあるだろうか。そうぼんやりと考えていた二月のとある日曜日、東京都葛飾区にある聴覚障害児支援施設、金町《かなまち》学園を訪ねた。

金町学園は一〇数年前、職員による不祥事で世間を騒がせた。それを機に体制を刷新。元ろう学校校長を迎えた新体制では、障害者自立支援法を活用して、新たな取り組みを始めたという。養育が困難なろう児を受け入れてきた施設からどう変容したのだろうか。

二〇人ほどの聴覚障害児が暮らす金町学園には「NPO大塚クラブ金町学習塾」がある。毎週日曜日に学習支援のボランティアが入る。塾長で手話通訳士の森本行雄氏のほか、大学教師や大学生が小学生から高校生までの勉強を見る。大学受験を目指す生徒もいる。教師役の大学生の中には聴覚障害がある人もいる。

学習支援を続けて二年になるという東京理科大学の菅原鑑《かん》さんは「特別支援学校といっても手話のできない先生も多いので、ここの塾で学び直す子どもたちがほとんどです。こういった環境が必要だと感じます」と話す。

地方から金町学園に入る子どももいる。今年みごとに大学合格を果たしたAくんは福岡県の出身だ。地元のろう学校では大学進学は難しいと考えていたところ、金町学園の濱崎久美子園長が主催したキャンプで同園のことを知る。「進学希望の先輩たちは、ほとんど上京していたので、自分も頑張りたいと思って上京しました」。通学や実力の差もあって大変だったというが、希望をかなえたいと勉学に励んだという。

行政が障害者の身の振り方を決める措置制度を改革して導入した支援費制度は財政問題の

ためにあえなく破綻。代りに導入されたのが、障害者が福祉サービスを選べるものの所得によって経費の一割を負担してもらう障害者自立支援法だった。生きるために必要な支援で金をとるのかという批判も多かったが、金町学園はこれを逆手にとる。

それまで、基本的に親の養育が困難なろう児のみを受け入れていた方針を転換、そうした子どもたちに加えて、東京のろう学校で学びたいというAくんのような子どもを親との「契約」を通じて積極的に受け入れるようになる。

福祉は最低ラインを保障することに注力する結果、なかなか優秀な人材を育てようという発想に結びつかない。能力のある聴覚障害児は健聴児同様少なからずいる。そういった子どもたちに「弱者」のレッテルをはり、福祉の観点からだけ教育を施していたのでは伸びる芽も摘むことになってしまう。菅原さんは言う。「基本的に特別支援学校は、学力の低いレベルに合わせて進めることがほとんどです。普通の学校と変わらない教育が望ましいのですが、それはやはり難しいと思います」

中学、高校ともなれば、健聴児はそれぞれの志望校を目指して切磋《せっさ》琢磨《たくま》する。高等部でも入学試験がないろう学校はだれでも入れるから勉強しなくても大丈夫と思いこみ、親もろう学校に預けておけば何とかなると思ってしまうケースが多いという。これでは、互いに切磋琢磨することもなく、学習意欲の維持向上は困難である。

濱崎園長は「聴覚障害児が、健聴者と対等の社会生活を営むには、まず第一に、日本語の読み書きを健聴児と同等に駆使する力が必要です」と力説する。健聴者と聴覚障害者がいると、どうしても健聴者に頼りがちになる。そんな関係を見て育った子どもたちは、また健聴者に頼るようになる。その連鎖を断ち切るために、金町学園では、できるだけ聴覚障害者のイニシアチブで、あるいは健聴者と対等に仕事をする姿を見せるようにしているという。

大学進学を果たせば果たしたで、講義の聞き取りという次の難関が待っている。しかし、ここでもパイオニアたちの努力は素晴らしい。菅原さんの場合、元々なかったノートテイクや手話通訳などの情報保障を立ち上げた。大学もこれにこたえる。Ａくんが進学予定の大学も受け入れに向けて着々と準備しているという。ノートテイクは健聴者の学生にアルバイト代を払うことになるが、これとても学生への金銭支援ととらえれば、大学にとって費用ではなく、便益となる。

こうした地道な努力なくして、自立心は育たない。「いずれは、聴覚障害のある方に園長になってもらえればと思っているのです」という濱崎園長の言葉に日本の障害者施策の未来の姿を見るような気がした。

◆「おだがいさま！」

福島県いわき市にある平《たいら》養護学校（瀬戸良英校長、二〇一五年当時）を訪問した。同校は肢体不自由児のための特別支援学校で、いわき駅の北、市街地が途切れた緩やかな丘陵地帯にある。穏やかな陽光がふりそそぐ明るい校内が印象的だ。アトリウムには上下階を車椅子で移動するためのスロープが設置されている。

訪問のきっかけは二〇一五年に審査委員として参加した「第二回ふくしま高校生社会活動コンテスト」（ふくしま学びのネットワーク主催）だ。そのコンテストで最優秀賞に選ばれたのがいわき市にある平養護学校生徒会のボランティア部である。

発表者の高校一年生、三浦宰《つかさ》くんが献血への呼びかけや募金活動を紹介した。「私たち障害者はいつも支援を「される側」でした。ボランティアはしていただくもの、そういう意識がありました。しかし、先輩たちが始めたこの活動に加わって支援を「する側」にもなれるんだと思いました」。

審査委員一同、高校生の社会活動の原点をそこに見た。もっと話を聞きたい。そう思って同校を訪問したのである。

校内案内をしていただいた後、今年で三年目となるボランティア部設立の経緯を青木由紀子教諭が話してくれた。同校には普通高校なら数多くあるはずの部活動がない。学校に部活を作りたい。ボランティア部はそんな想いを抱いた一人の高校生の熱意から始まったという。坂本一磨《かずま》くんは隣接する病棟から車椅子で登校していた。実家は震災で被災し、仮設住宅住まいのため、同居は難しい。

どのような部活がよいか悩んだ末、坂本くんがたどり着いたのがボランティア部だった。「障害者はいつも与えられる存在だ。これからは障害者からもアクションを起こしていきたい」と語ったという。卒業後、坂本くんは在宅勤務をしながら、ヘルパーさんの力を借りてひとり暮らしをしている。

彼の想いは後輩に受け継がれる。高校二年生の樋口侑希《ゆうき》さんは、「支援される側から支援する側に立ってみたい」と同部へ入部した。街頭で献血を呼びかける活動では、工夫を重ね、ティッシュや風船を受け取ってもらえるようになったという。「笑顔で声を出すことが大切です」。将来は大学の健康福祉学部に進学し、社会福祉士になりたいという。理由を聞くと、即座に答えた。「助けられてきたので、助ける側に立ちたいです」

アニメ声優が夢という地引元気くんも「手助けする側に回ってみたかった」と口をそろえ

る。

それにしても、これだけしっかりと自分の考えを述べることのできる彼らはどのような教育を受けているのだろうか。進路指導の面川英範《おもかわひでのり》教諭は、支援に慣れていて、自分に何ができるかわからない生徒たちが、「私はこれができます。こうしたいです」と言えるような教育を目指しているという。そのために急いではいけない。「場合によっては、自分から意思表示をするまでじっと待ちます」

私たちはひとりで生きることはできない。どんなに強い人間でも赤子のときはか弱く、慈しみ育てる人の愛情なしに成長していくことは難しい。そこに健常者や障害者の区別はない。

そして、高校生は子供から大人に変容する過渡期にある。それまでの受動的な立場から少しでも自発的に何かをしたい、自立したい、社会に貢献したいと思い始める時期、すなわち経済社会への入口にいる。ただし、自立とはひとりで生きることではない。多くの人と支え合いながら生きていくことである。大人になれば、相手に与え相手から与えられるという関係を至る所で構築しなくてはならないからだ。平養護学校ボランティア部に、支えられながら支えるという高校生の社会活動の原点を見た。それだけではない。彼らのやろうとしていることは、人間がいかに経済社会の中で生きるかという普遍的なテーマに通じる。そのことを改めて教えられた。

ボランティア部のその後が知りたくて、東京大学でのふくしま高校生社会活動発表会にお招きした。樋口さんたちの後輩がボランティア部を引き継いでいた。発表のタイトルに「#ともに」とある。プレゼンが始まった。「障がい者のための支援、高齢者のための支援」から「障がい者とともに支援、高齢者とともに支援」への転換が大切だと大村莉未《りみ》さんが説く。谷康大《こうだい》くんはその実践例として、斜度がある車椅子用スロープを自力で上れなかった経験を話してくれた。「上れないスロープがあることに驚いた」という谷くんは、支援が非車椅子利用者から車椅子利用者への一方通行だからこのようなことが起こると考えた。坂道の傾斜を測る「カクシリキ（角知り器）」という道具を自作して測ってみると、上れなかったスロープの斜度は八度あった。障害者が支援する側にも加わらないと、的確な支援はできないのではないか。そう考えて、カクシリキを五〇以上自作し、ボランティア大会でみなに配り、全国各地で測ってもらうことにした。「まず、関心を持ってもらうことから始めたい」という谷くんの元には、「こちらは四度だったよ」などのフィードバックが返って来つつあるという。

障害者支援はともすれば非障害者から障害者への押しつけともなってしまう。それは、生産者が一方的に消費者の好みを決めつけ、モノを作る計画経済のようなものだ。計画経済における生産者は何個作るかに意を砕く。障害者抜きの障害者支援は何件措置したかが重要だ。それに対し、市場経済では、生産者は何個売れるかを考える。売るためには消費者の意を汲《く》まなくてはならない。消費者主権の精神が自然と市場経済には埋め込まれているのだ。障害者支援も同じである。支援にも当事者主権を埋め込んでいかなくてはならない。行政が障害者の身の振り方を決める措置制度から障害者自身が選択して決める契約制度への移行はその重要なステップなのである。

　平養護学校は平支援学校と名称を変えていた。「「支援し合う」という私たちの考えに合致しています」と、大村さんは言う。東京大学の発表では、最後に三浦くんが大きな横断幕を広げた。「おたがいさま」と書かれているその横断幕に三浦くんがぺろっと紙をめくって、「た」の文字に濁点を付けた。「ぼくたちの地方の方言ではこう言います。みなさん、ご唱和願います」。みんなが一斉に声をあげた。「おだがいさま！」

◆『終わった人』

自立とは依存先が数多くでき、どれか一つに依存しているという感覚がなくなった状態だと考えれば、大企業に勤めるエリートサラリーマンたちも自立していない人のように見えてくるから不思議だ。彼らの依存先は仕事だ。しかも、その仕事の多くは勤務先の肩書に依存しているものであって、本人が墓場まで持って行けるものではない。

内舘《うちだて》牧子著『終わった人』では、そういうエリートサラリーマンの切なさを訥々《とつとつ》と描く。「定年って生前葬だな」という主人公のつぶやきとともに小説は始まる。定年後、あり余ったエネルギーをどこに使おうかと悶々《もんもん》とする。

所在なさげに家の中をうろうろすると、妻や娘に容赦なく言われてしまう。「何か本気で趣味を見つけたら？」いやいや、趣味では代用できないのだ。

依存先が仕事一本だったサラリーマンと母親に依存する子どもとの間に本質的な違いはない。両者ともいつかは自分の安住の地を去らなくてはならないのだ。しかし、一つの依存先に一生懸命すがりついていた人間がどのようにして、依存先から自立できるのだろうか。『終わった人』の主人公もヒマをもて余して、スポーツジムに行ったり、カルチャースクールに出かけたりする。しかし、満たされない。これまでの依存先が大きすぎたからである。挙句の果てに、妻や娘は「終わった人」はどうせもてないと思っているから、心をえぐる言葉を平気で言う。「パパ、恋をしたら？」

そんな人でも出会いがある。「終わった人」は自分では終わっていないと思っているから、ころっと罠《わな》にはまる。思わせぶりな女性の後を追いかける羽目になるのである。

定年後でも元気いっぱいな元エリートサラリーマンが毎年大量に生じる現在、彼らの自立をいかに考えるか。それは少子化社会を考えるのと同じくらい切実な問題である。「終わった人」はまだまだいる。しかも、皮肉なことに輝きが眩《まぶ》しかった人ほど、依存度は深刻だ。Ｊリーグで活躍するようなサッカーのトッププロ選手もその例外ではない。元日本代表のキャプテン宮本恒靖《つねやす》著『日本サッカーの未来地図』は、サッカーを「文化」と捉え、社会との関わりを論じる。そのなかで指摘するのが、サッカー選手のセカンドキャリアの問題である。「自分は社会に対して一体、どう貢献できるのかと考えるようになる」ことが大切だと述べる。「『サッカーが第一』と考えがちな現役中に……もっと早く準備ができていれば、セカンドキャリアにスムーズに移行できるんじゃないか」という件《くだり》は、そのまま企業戦士として生きてきた会社員の退職後の生き方を考えさせる契機ともなるのではないだろうか。

第九章　みんなを輝かせる市場

◆猫の事務所

宮沢賢治の童話は社会風刺の書でもある。中でも「猫の事務所」は時を超えて我々の心に突き刺さる。猫の事務所の書記の定員は四匹。第四書記にかま猫という猫がいて、他の猫たちにいじめられる。かま猫に理解のあった事務長の黒猫も他の猫たちの讒言《ざんげん》で、ついにかま猫から仕事を取り上げて、仲間外れにしてしまう。

なぜ仲間外れにするのか。そこに必然性はない。しいていえば、他の者が仲間外れにするからである。そして、仲間外れを正当化するために理由が作られる。「無口だ」「きもい」といった理由が後から付け足される。やるせないことに、みんなにそう言われれば、本人も「私はきもい」と思ってしまう。

かま猫もちっとも悪くないのに、「やっぱり僕が悪いんだ、しかたないなあ」と考え、自分を変えようと努力する。いじめのある状況やない状況など複数の可能性がある私たちの社会においては、真実はみんなの意見で作られてしまうのである。

いじめから逃れる方法として、転職も一つの有力な手段となろう。しかし、それも厚みのある転職市場があればこその話である。こんなところにも市場は必要なのである。

市場の役割はそれにとどまらない。一つの組織に閉じこもっている人たちは「真実」を自分たちの狭い経験の中から作り出す。いじめや仲間外れの撲滅は、自分たちにとっての「真実」も、見方を変えれば何の根拠もなくなるということに気づくことから始めなくてはならない。いろいろな社会を経験する人が増えるほど、「真実」の相対化も可能となるであろう。

仲間外れにされたかま猫は、しくしく泣き続ける。最後は、その様子を見ていた獅子《しし》が事務所の解散を命ずる。賢治は「ぼくは半分獅子に同感です」という言葉で童話を結ぶ。事務所の閉鎖しか、いじめをなくす手段はなかったのか。いじめる側を罰すれば問題は解決するのか。賢治はその後の猫たちの人生について何も語っていない。

◆企業戦士の自立

前章でも書いたように世の中で自立している人間の典型ともみられるビジネスパーソンも、依存先が固定されているという意味では、母親に依存する子供とそれほど違いがない。ばりばり働いているときは、自分の力で何もかもやっているつもりでも肩書がなくなればただの人だ。どうかすると、偉そうにしている分、始末に負えなかったりする。働き盛りの盛年期の労働市場が十分発達していないことがその理由だ。

長期雇用・年功制の下では、既卒・転職の労働市場は発達しにくい。いきおい、非正規雇用の市場のみが発達しがちである。そこでは、年功はあまり関係ないから、どうしても賃金が低く抑えられてしまう。いや、むしろ長期雇用の下で、一部の正規社員にレント（過剰な取り分）が発生している。このレントがある限り、有能な人ほど労働市場に出ようとしないし、そうなると、労働市場に出ること自体が、負の烙印《らくいん》となってしまう。

しかし、日本にも東京を中心に正社員の人材が集まる既卒・転職労働市場がある。外資系企業を中心とした市場だ。

面白いのは、その労働市場の動きだ。外資系の金融機関を例にとると、多くの正社員が数年で転職する。日本の大企業でずっと転職もせずに勤めてきた人々からすれば、根無し草のように見えるかもしれないが、よく観察してみると、それは思い込みにすぎないことがわかる。

かれらは緩やかなつながりを保っている。転職した後も、元同僚との情報交換は欠かさないし、社内のしがらみがない分、自由に意見を交わせる。話を聞いてみると、大企業の人事

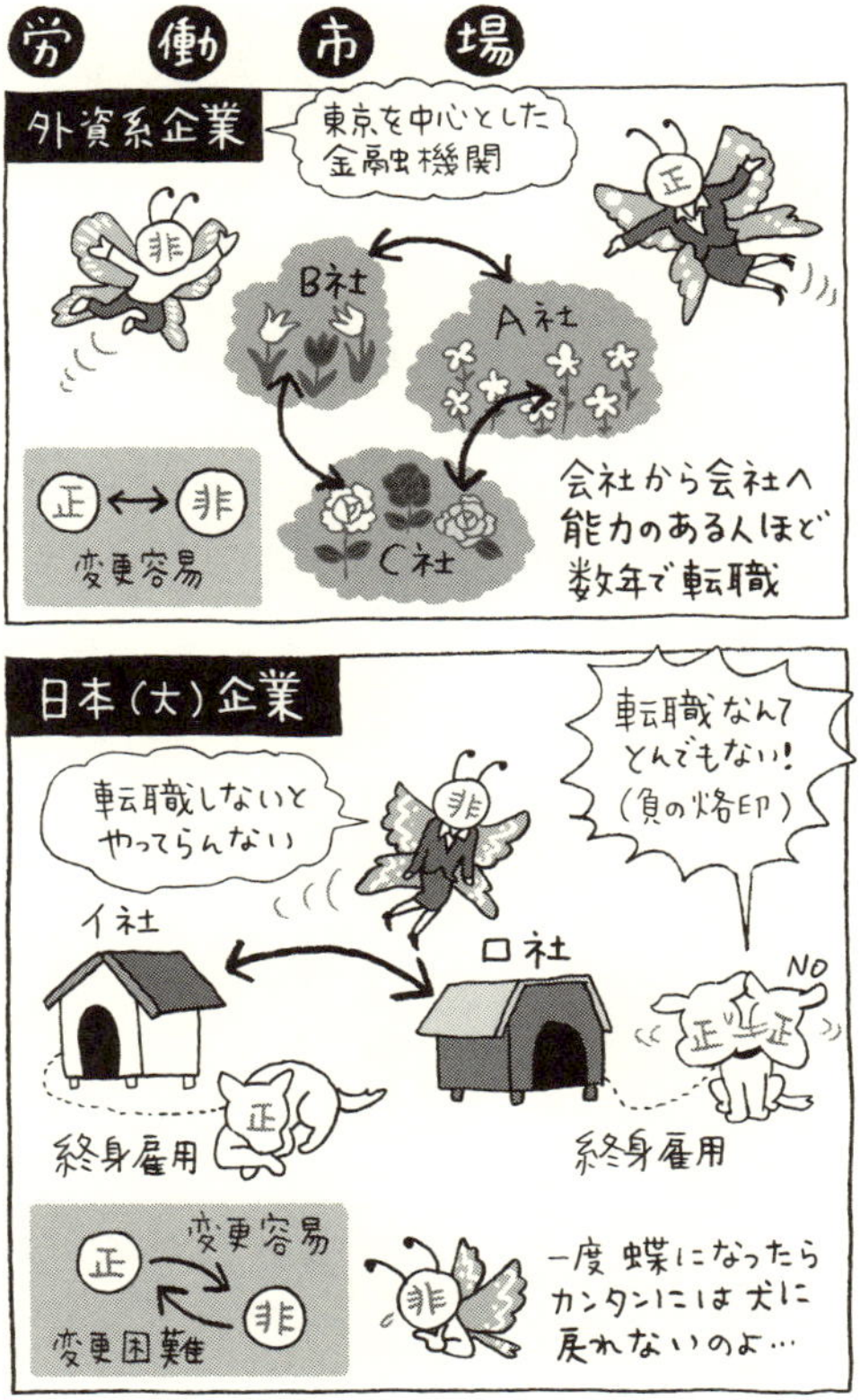
労働市場
外資系企業
東京を中心とした金融機関
B社
A社
C社
正 ⟷ 非
変更容易
会社から会社へ
能力のある人ほど
数年で転職
日本（大）企業
転職しないとやってらんない
転職なんてとんでもない！（負の烙印）
イ社
ロ社
NO
終身雇用
終身雇用
変更容易
変更困難
一度蝶になったらカンタンには犬に戻れないのよ…

異動と似たような感覚だ。最大の違いは自分の意思で職場を移れるという点かもしれない。

いざというとき、会社が自分を守ってくれないのでは、という不安も当たらない。いつ会社が潰れるかわからない時代には、転職市場の存在は一種の保険でもある。リーマン・ショックの前後に潰れた企業からも他の企業へ転職を果たした人が多くいる。山一《やまいち》証券が破綻した後の修羅場と異なる世界があった。

外国企業の参入は、健全な既卒・転職労働市場育成の好機である。事実、日本企業もそういった市場で人材を採り始めている。また、そのような労働市場は、雇い主や職場での不当な扱いから労働者を守る手段をも提供してくれる。職場でのいじめなどの痛みを和らげてくれるのも市場の力の一つである。

◆塾に来る子どもたち

柏木雄介さん（仮名）という個人塾の経営者がいる。この個人塾は、地方の工業都市にあって、東大を目指す生徒もいれば、素行不良で学校も親もお手上げという生徒もいる。そのどちらも大切に扱うというので、口コミで生徒たちが集まってくる。経営者が一人で切り盛りしているため、勉強の出来不出来ではなく、柏木さんとの相性が決定的に重要らしい。相性が合わない生徒は初日で見切りをつけ、来なくなるという。一方、長続きする生徒は高校を退学させられても塾通いだけは止《や》めずに大学まで行った例もあるという。

素行不良の中学生がいた。中学校で問題ばかり起こしていたが、不思議と塾には通ってくる。何とか送り込んだ高校では半年で問題を起こして退校処分になって戻ってきた。そして、別の高校へ行きたいという。数学ができたので、そこを磨いて合格する。身体が大きく体力があったので、ラグビー部に誘われ、エースになって息を吹き返す。しかし、塾通いは続く。そこで隣県の私立大学の推薦入試を勧める。小論文の作文で好きな本について書けばよいのだ。一冊だけ読ませて、その本についてなら何でも書けるように指導して合格。成人式の日にはスーツを着て挨拶に来たという。卒業して今は工務店で働いている。

中学の途中で不登校になり、柏木さんの塾だけに来ていた女子生徒がいた。ざわざわしていてとても勉強できない。保健室登校していたが、担任にそろそろ保健室登校をやめてほしいと言われて、学校に行けなくなったらしい。毎日担任から電話が来てプレッシャーになっていたという。善意かもしれないがそれがプレッシャーになっているというのが分かっていなかったようだ、と柏木さんは言う。プレッシャーに極端に弱いにもかかわらず、「学校に行くには朝必ず五時半に起きて準備しないといけない」などの妙に強い価値観がある。そんな中、塾にだけは通っており、私立高校には受かった。しかし、その後、新しい高校にも一日も行けない。部屋にはお気に入りの制服を飾っていたというのに。一年経ってとうとう留年通知が来てしまう。一年くらいのんびり旅行でもして、好きなことでもやれば、と言っても「それでは私はダメな人間になる」と言ってきかない。本人は「通信制を三年で出て大学にいく」と言っているが、柏木さんはのんびりやれば、と言っているという。今は、午前中アルバイトに行き、通信制の教材で勉強を続けているという。

塾は逃げ場がなくなった子供を引き受ける避難所になり得る。家庭では親が絶対、学校では先生が絶対だ。それに「なじめない自分は悪い子？」と子どもが感じているときに、「そんなことはない、親が間違ったことを言うこともある、学校の先生だって間違ったことを言うことがある」と言ってやるんですよ」。

学校が公的な場だとすれば、塾は私的な場、言うなれば市場だ。どんなに素晴らしい教育を学校が提供していても、一定割合で学校生活に合わない生徒は生じてしまう。塾はそういう生徒の行き場を創りだしている。学校で全ての生徒を包み込むのは理想だ。しかし、現実はなかなかそうはいかない。そして、僕はそれでいいと思っている。全員を包み込む学校があったとしたら、それはまやかしだ。そんな学校があったら、僕は真っ先に逃げ出すだろう。

もちろん、塾のほうが学校よりよいと言っているわけではない。僕は大の塾嫌いで、塾は大学受験まで行かずじまいだった。そして、子どもと相性の合う塾も合わない塾もあるだろう。塾そのものが嫌いという僕のような子どももいるに違いない。それはそれでよい。塾のよさはその市場性にある。いやならすぐやめられる。これが学校だとそう簡単にはいかない。学校でも子供と相性の合う先生も合わない先生もいるだろう。しかし、担任が嫌いだからといって、勝手に好きな担任の組に行くことはできない。

柏木さんはなぜ塾の経営者を選んだのかという問いに、あくまでも個人的な考えだと断りながら、「たいがいの人は塾の講師に最初からなろうとしてなったのではないと思う」と言う。彼自身が学校の中で生きづらかったという。「個々人の先生には尊敬できる人はいたものの、学校の組織は居づらく、疎外感を持っていました。尊敬する学校の先生にも学校の組織に批判的な人は多かったと思います。教師になるなとまで言われました」。「日本をよくしようとか、日本の教育をよくしようとかはありません。自分は教えるのが好きで、自分は他人より優れた教える技術があり、それで目の前にいる人を少しは救える。一〇〇人のうち五一人に合えばいいかなという態度でやっていますし、決して何千人という大勢ではないけど、何百人かという目の前にいる人を救える」との言葉に、組織に囚《とら》われず市場を駆け巡っている塾講師の矜持《きょうじ》を見た。

◆市場の誕生

街中でも小雪が舞う寒中のある日、大阪の天王寺からさらに南に下った瓜破《うりわり》にあるアトリエ　インカーブを三年ぶりに訪れた。アトリエ　インカーブは不思議な空間だ。光が部屋中に満ちている。これが社会福祉法人の施設だとは、言われなければわからない。建物の中に入ると懐かしい笑顔が迎えてくれた。施設長――というよりアートディレクターと呼んだほうがしっくりする――の今中博之さんのオフィスに入ると、すぐに一枚の絵が目に留まった。

祭で踊る「人物」が七人描かれている。その「人物」の一人ひとりが個性的で面白い。真ん中の「人」は虎の顔をして、耳はみかん。まるでお正月の鏡餅が舞っているようにも見える。右端の一体はかわいい女の子のようでもあり、鹿のようでもある。「今売出し中の阪本剛史《たけし》さんです」

今回の訪問の用向きはアート市場、とくにインカーブのアーティストたちが創り出しつつある新しい市場の話を聴くことである。障害者アートというとそれだけで福祉の対象と決めつける人たちが少なからずいる。それが逆に障害者が社会で活躍する機会を奪っている気が

阪本剛史「よさこい祭り」(2016)　写真提供：アトリエインカーブ

しないでもない。インカーブのアーティストたちの作品は市場で評価されるだけの力がある。市場は弱肉強食のジャングルではなく、「社会的弱者」と呼ばれる人々に力を与える場である。僕はそのことを体現する実例を探していて、インカーブに出会ったのだった。

用向きの話が終わると、早速作品に戻る。阪本さんの他の作品も十枚以上見せてもらう。独特のまんまるの目でこちらを見つめる擬人化された動物たちが印象的である。色使いも素敵だ。どれもなかなかによい。が、やはりほしいのはこれだ。背景のオレンジがかった茶色がうちのくすんだ色のでこぼこ壁にぴったりだろう。

インカーブでは福祉畑ではなく、(今は社会福祉士などの資格も取っているが）アート・デザイン畑を歩んできたスタッフたちがアーティストたちの支援を行っている。彼らの作品《アート》を市場でお披露目することがスタッフたちの重要な仕事である。アーティストは総勢二六人。全員が——社会の基準で言えば——知的障害者である。

しかし、先入見なしに彼ら自身の説明に耳を傾けると、障害者とは気付かない。見ている傍らでどんどん筆が進むアーティストもいる。最初に訪れたときもそうだった。

「寺尾さんです」。大きな机を埋め尽くす鉄骨をモチーフにした絵に吸い込まれそうになる。「そっちを乾かしている間、こっちを」と説明しながら手を動かす寺尾勝広さんは多作家だ。二メートル四方の絵を二週間程度で描きあげてしまうこともあるという。市場では、その絵に四〇〇〇万円の値がつく。売上代金は必要経費を除いた後は寺尾さんの懐に入る。

寺尾さんが金沢美術工芸大学で制作の実演を行ったときのことである。その集中力に会場はしんと静まり、その後のQ&Aセッションでは多くの質問が寄せられたという。今中さんが著した『観点変更』によると、ある女子学生が「寺尾さんは毎日、同じ鉄の絵を描いてて、飽きないですか?」と訊《き》いた。それに対し、寺尾さんは「好きやから、飽きへん」と答えたという。彼女は泣きだした。そのすすり泣きはまわりに広がっていった。「私は子どものころから絵が好きで……。だからこの大学にも来て……、だけど今では教授の顔色や受けをねらったものばかりが頭の中をかけめぐる……、好きだからって言える寺尾さんは凄い……」

自らデザインを学び、デザイン関連の大企業に勤めていた今中さんは言う。「彼らはテーマがぶれないいんですよ」。三〇歳前くらいからオリジナリティとは何かで悩んでいた今中さんは、寺尾さんの描いたものに触れて、「僕にはこんなにもオリジナルなものは作れない」と感じた。それと同時に、知的障害者という理由で、単純作業、工賃と呼ばれる最低賃金以下の水準に押しとどめられている彼らの現状に呆然《ぼうぜん》としたという。

オリジナルな才能は教育と競争だけでは育まれない。「教育は邪魔です」と今中さんはきっぱりと言う。型にはめられるような教育を受けてきた彼ら――健常者の指示をよく聞くよう躾《しつ》けられてきた彼らは、インカーブに来た当初一年くらいは、自由に描いていいと言われても当惑して、筆が進まないという。そんなとき、下手に指示を与えればオリジナリティのない指示待ち人間になってしまうし、競争だけが強調されたら伸びる芽は全て摘まれてしまう。

一定の生活基盤を福祉によって確保しつつ、才能を開花させたアーティストも世界のアート市場で勝負する。格差が生まれれば、結果の平等を重視する立場からは批判もされる。し

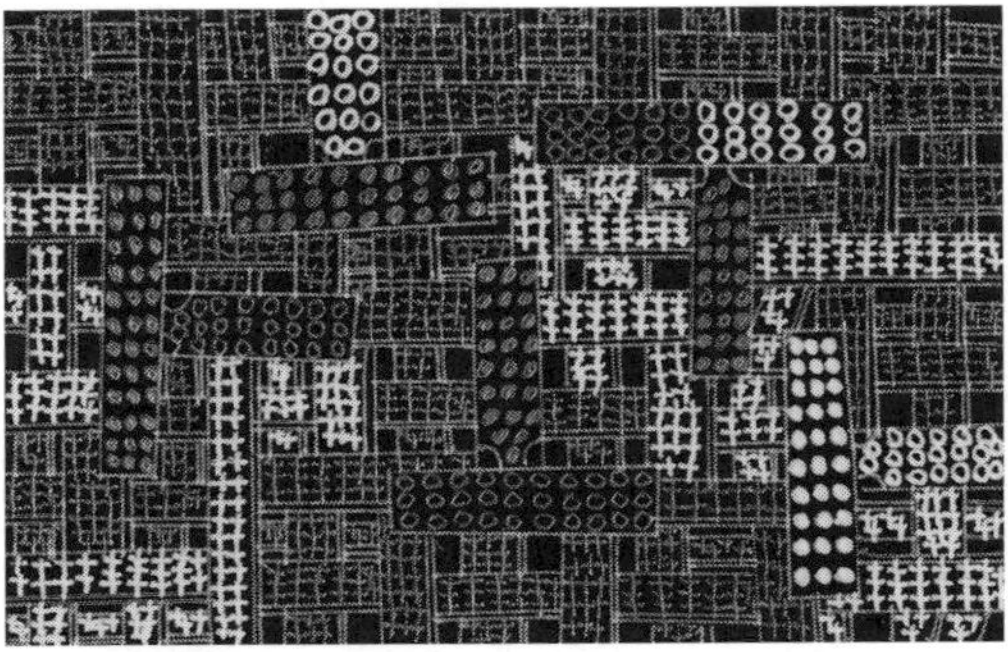

寺尾勝広「ネジ」(2014)　写真提供：アトリエ インカーブ

かし、「知的障害者」というレッテルを貼られたら、そのグループの平均と同じ暮らししかしてはいけないのであろうか。一部のプロ野球選手が大きく稼いでも、それはその選手の実力であって、誰も文句を言わない。「知的障害者」が、その実力が認められて稼ぐことを否定する構造の裏には、自分より下に見ていた「障害者」が上に行ってしまうことへのやっかみが隠されていないだろうか。「彼（寺尾さん）は私より稼いでいますよ」と今中さんは笑って言う。

税金の世話になっているという意見もあるかもしれないが、道路、治安、上下水道など、僕たちはみな、税金の世話になっている。障害者だけが税金の世話になっているわけではない。そして、海外で売れる絵が描けるようになれば、僕たちよりも社会経済に貢献できる人材になる。

しかも、寺尾さんは、たとえ渡航経験がなくとも真のグローバル人材だ。海外の市場では二メートル四方の絵が四〇〇万円で売れる。大阪のアートフェアでも、私が数万円するはがき大の絵を買おうか買うまいか悩んでいるとき、フランスの画廊関係者がやってきて、部屋を見回し、一番大きい寺尾さんの絵を見て、すぐさま購入を決めていった。真のグローバル人材の元には海外から人がやって来る。

寺尾さんも大阪アートフェアにいたのだが、相手が誰であれ媚《こ》びないその態度はギリシャの哲人ディオゲネスを彷彿《ほうふつ》とさせる。その昔、その変人・哲人ぶりの噂《うわさ》を聞きつけたアレクサンドロス大王はディオゲネスが住んでいる洞窟を訪ねる。誰でも呼びつける大王としては異例の対応だ。それだけディオゲネスのことをすごい奴と思ったのであろう。また、そのやりとりがすごい。洞窟の入り口に立って、「望みのものがあれば何でもかなえてやるから申してみよ」と言う大王に、「あなたがそこに立っていると日陰になってしまうのでどいてください」と答えたという。寺尾さんは、ディオゲネスのように権力にへつらわず、自由を愛し、干渉を嫌う人間である。

為政者が下手にレールを敷けば、敷いたレールの上しか歩もうとしない人材しか育たない。「好きやから、飽きへん」と、鉄骨の絵をひたすら描き続ける寺尾さんは海外の市場で評価

栗田淳一「生命の息吹」(2014)　写真提供：やまなみ工房

され、市場に支えられて、成長する。

大阪を離れた後、忍者の里、甲賀市にある「やまなみ工房」を訪れた。ここでも知的障害のあるアーティストたちが活躍しているという。前日に積もった雪と青く澄み渡った空のコントラストがまぶしい。工房では、芸術家《アーティスト》たちが思い思いのやり方で創作に励んでいた。井上優《まさる》さんは床にひざをついて、畳二、三帖《じょう》分もある大きな絵に細かい模様をひたすら丹念に描きこむ。吉川秀昭さんは作業台に向かって箸で陶土に細かい穴を開け続ける。

すると、それまでソファにうずもれていた大原菜穂子さんが突然起き上がり、陶土を切って丸め始めた。一分ほどでお地蔵さんのような人形が完成する。創作にかける時間は一日一〇分ほど。それでも、倉庫は作品を焼く竈《かまど》の順番を待つ人形たちであふれている。

気になる作品があった。栗田淳一《くりたじゅんいち》さんの絵だ。感情に起伏があり、穏やかなときと心が騒ぐときとでは描く絵が別人のもののようだ。穏やかなときに描かれたというその作品を撮って知人に見せると、すぐさま「買いたい!」という声が上がった。

市場はヒトとモノ、ヒトとヒトをつなげる場である。アートにも市場が必要だ。市場がなければ、僕たちは素晴らしい作品《アート》に出会えない。

誰かが汗をかいて市場を創り出さなければならないこともある。「生の芸術」と言われるアール・ブリュットの市場もそんな市場の一つだと思う。

市場はヒトとモノ、ヒトとヒトをつなげる場である。作品《アート》にも市場が必要だ。市場がなければ、僕たちは素晴らしい作品《アート》に出会えない。それまでお互いに知らなかった人同士が市場を介して突然結びつく。そのこと自体が市場の力だ。

そんな市場をつくりだしている女性にお会いした。株式会社FOSTERの杉本志乃さんである。前述のインカーブの作品を展示したところ、売れ行きがよかったということで、二〇一七年三月に東京は表参道のGYREで大々的な展覧会を企画した。もちろん、作品を実際に見てもらい、買ってもらうためである。展覧会が始まって、一、二週間してから訪れた僕は、目を丸くしてしまった。数十万円もする大きな作品を中心に過半の作品に売約済みのシールが貼られていたのである。その中には、やまなみ工房で出会った栗田淳一さんの大きな絵も含まれていた。心が騒ぐときに描いたほうの絵だ。

市場を通じて、芸術家《アーティスト》の支援者になるもよし、作品《アート》を純粋に愛《め》でるもよし、作品《アート》に投資するもよし。こう考えるべきだ、などという定型はない。自分の想いや行動は自分が決める。それが市場のいいところだ。芸術家《アーティスト》たちが思い思いに創作活動を行うのと同様、僕たちも思い思いにアート市場に参加すればよい。

僕の心を捉えた阪本さんの絵の話に戻ろう。聞けば、三月のニューヨークのアートフェアに出品するという。「いつまでにお返事すればいいでしょうか」「今週の金曜日には梱包《こんぽう》しますので、それまでにいただければ」「アートフェアの目玉作品のようですが、購入してしまってもよいのですか」「はい、うちとしてはそのほうが有難いです」。即決しかかったが、いかんせん大きな買い物である。帰京して家族の決済をとり、納まりを確認してから連絡した。

「買います！」

このような取引の一つひとつが市場を創り出していく。市場は何もアートフェアのような物理的な場のことではない。売り手と買い手が結びつくところはどこでも市場である。市場は不思議な出会いを授けてくれる。僕はアート市場であのまんまるな目に逢《あ》って、正に魅入られてしまったのかもしれない。

市場は厳しいが、正直だ。お追従《ついしょう》も言わない。「障害者の支援が大切だ」という人も、本当に価値があると思わなければ、今見ている作品《アート》に大枚をはたこうとはしないだろう。

市場は格差を生み出すが、同時に夢も与えてくれる。インカーブに来る前にワンパターンの軽作業を行う施設に通っていたというアーティストの母親が、ある時こう言ったという。

「この子が一生のうちで一回だけでもええから、パーッと打ち上げ花火みたいに輝いてくれる。それだけでええんです。それで消えてもええんですわ」

しかし、彼らは今、作品《アート》市場を通じて障害者ではなくアーティストとして、打ち上げ花火ではなく恒星として輝きだす。

あとがき

前作、『高校生からのゲーム理論』（ちくまプリマー新書、二〇一〇年）では、執筆にあたって福島県立相馬高校の松村茂郎先生（当時）および生徒さんたちにお世話になった。東日本大震災とそれに続く原発事故を機に、ゼミ生とともに相馬高校を訪れるようになり、高校生と東大生との交流が深まることとなった。

交流を始めて二年後、相馬高校からは一二年ぶりに東大生が誕生した。合格者の稲村建《たける》くんは「震災は大変でしたが、それがきっかけで東大生のみなさんと会えたと思うと、不思議な感じがします」と話していた。

相馬高校との交流がまた新しい出会いを生んだ。その一つが大手予備校の現代国語のカリスマ講師、藤井健志さんとの出会いである。二〇一一年四月、震災直後で落ち着かない相馬高校の生徒さんのうち希望者四二名を東大に招くことにした。ツイッターでその企画をつぶやいたところ、藤井さんから支援に参加させてほしい旨の連絡がきた。高校生向けの授業を一コマ担当していただいたが、僕自身大変学ぶところが多かった。藤井さんは震災から七年経った今でも手弁当で福島の教育支援に携わっている。

僕たちの社会はさまざまな出会いから成り立っている。一度限りの出会いもあれば、一生続く出会いもある。どのような人間関係にも最初の出会いがある。親と子の出会い、恋人同士の出会い、ライバルとの出会い、取引相手との出会い、などなど。なかでも数の上で圧倒的に多いのが市場を通じた出会いである。見知らぬ人同士をつなげる市場であるが、一度出会った後は、永い付き合いになることも多い。

ちくまプリマー新書さんと僕とのご縁も一〇年以上前の四條詠子さんとの出会いから始まっている。本書は編集長の吉澤麻衣子さんに引き継がれ、大変お世話になった。また、イラストは前作と同じ川口澄子さんである。お二人とも本書をていねいに読んでくださった。吉澤さんからは多くのコメントをいただき、川口さんには内容をわかりやすく咀嚼《そしゃく》したイラストを描いていただいた。出版市場という特殊な市場ではあるが、ここでもまた見知らぬ人同士の出会いと、そこから始まるお付き合いへとつながったのである。

本が書籍市場に出回ると、また新しい出会いが生まれる。高校生のときに『高校生からのゲーム理論』を読んで、ゲーム理論を学びたいと思ったという学生もゼミに入るようになった。その学生がまた福島に出かけ、福島出身の学生がまたゼミに入ってくる。もちろん、僕の知らないところでもさまざまなつながりができているかもしれない。本書でもさまざまな出会いが生まれるのではないかとわくわくしている。

本書には新聞紙上などに掲載した記事を加筆修正したものが少なからず入っている。とくに日本経済新聞、朝日新聞および読売新聞の担当記者の方々にはお世話になった。多くの方々のエピソードも紹介させていただいた。どの方の話も自立と依存の関係を考えるうえで貴重なものばかりであった。とくに障害者など、社会的弱者と呼ばれる方々は、市場への頼り方を工夫し、市場を自ら創りだしながら精力的に自立生活を送っていた。また、僕の研究室の塔島ひろみさんにはいつも頼ってばかりいる。あわせて感謝したい。

人はひとりでは生きられない。だから、市場に限らず、何かに、誰かに頼ることは悪くない。それどころか、バランスよく頼ることこそ自立に必要なものである。反対に、一つのもの、一人の人に頼りすぎてしまうとバランスが崩れてしまう。ビジネスパーソンの過労死も、介護疲れの果ての介護放棄も依存先に関してバランスを崩したことからくる問題である。頼れる先がないのだ。いや、それが見えていないだけかもしれない。そんなとき、市場に目を向けてみよう。自分にとって頼りになる市場を探してみよう。あなたの自立を促してくれる市場がきっと見つかる。

二〇一八年　初夏

松井彰彦

【参考にした本など】（登場順・さまざまな版がある場合は入手しやすいものを中心に紹介します）

・松井彰彦『高校生からのゲーム理論』（ちくまプリマー新書　二〇一〇年）
・「さるかに合戦」（日本民話）
・トマス・ホッブス『リヴァイアサン』（水田洋訳／岩波文庫／全四巻　一九九六年、ほか）
・マイク・モラスキー『闇市』（皓星社　二〇一五年）
・藤岡陽子『おしょりん』（ポプラ社　二〇一六年）
・穂積陳重『法窓夜話』（岩波文庫　一九八〇年）
・アダム・スミス『諸国民の富』大内兵衛・松川七郎訳／岩波文庫／全五巻　一九八二年（昨今は『国富論』として、岩波文庫、中公文庫などで読むことができます）
・夏目漱石『私の個人主義』（講談社学術文庫　一九七八年、ほか）
・アダム・スミス『道徳感情論』（高哲男訳／講談社学術文庫　二〇一三年ほか）
・ニコラス・フィリップソン著、永井大輔訳『アダム・スミスとその時代』（白水社　二〇一四年）
・アンガス・ディートン著、松本裕訳『大脱出』（みすず書房　二〇一四年）
・ハンス・ロスリングのホームページ　https://www.gapminder.org
・和辻哲郎『風土——人間学的考察』（岩波文庫　一九七九年）

・宮沢賢治「洞熊学校を卒業した三人」（『宮沢賢治全集七巻』ちくま文庫　一九八五年、ほか）
・デイミアン・トンプソン著　中里京子訳『依存症ビジネス――「廃人」製造社会の真実』（ダイヤモンド社　二〇一四年）
・アナト・アドマティ＋マルティン・ヘルビッヒ著　土方奈美訳『銀行は裸の王様である――金融界を震撼させた究極の危機管理』（東洋経済新報社　二〇一四年）
・ジョン・マクミラン著　瀧澤弘和・木村友二訳『市場を創る――バザールからネット取引まで』（NTT出版　二〇〇七年）
・ヘロドトス「ヒストリアイ（歴史）」（『歴史』松平千秋訳注／岩波文庫／全三冊　一九七二年、ほか）
・吉野ゆりえ『三六〇〇日の奇跡――「がん」と闘う舞姫』（星槎大学出版会　二〇一六年）
・ノーラ・グロース著　佐野正信訳『みんなが手話で話した島』（築地書館　一九九一年）
・プラトン『国家』（藤沢令夫訳／岩波文庫　一九七九年）
・宮沢賢治「なめとこ山の熊」（『宮沢賢治全集七巻』ちくま文庫　一九八六年、ほか）
・内館牧子『終わった人』（講談社文庫　二〇一八年）
・宮本恒靖『日本サッカーの未来地図』（KADOKAWA／角川学芸出版　二〇一四年）
・宮沢賢治「猫の事務所」（『宮沢賢治全集八巻』ちくま文庫　一九八六年、ほか）

・今中博之『観点変更――なぜアトリエインカーブは生まれたか』（創元社　二〇〇九年）

ちくまプリマー新書

ちくまプリマー新書

ちくまプリマー新書

255 投票に行きたくなる国会の話　政野淳子

国会は実際どのように機能しているのかを、衆議院政策担当秘書として4年間働いた経験をもとに説明する。よりよい社会を作るために国会と国会議員を使い倒そう。

256 国家を考えてみよう　橋本治

国家は国民のものなのに、考えるのは難しい。日本の国の歴史をたどりつつ、考えることを難しくしている理由を探る。考え学び続けることの大切さを伝える。

257 学校が教えないほんとうの政治の話　斎藤美奈子

若者の投票率が低いのは「ひいき」がないから。「ひいきの政治チーム」を決めるにはどうしたらいいのか。あなたの「地元」を確かめるところから始める政治入門。

260 文学部で読む日本国憲法　長谷川櫂

憲法を読んでみよう。「法律」としてではなく、私たちがふだん使っている「日本語の文章」として。綴られた言葉は現代を生きる私たちになにを語りかけるだろうか。

266 みんなの道徳解体新書　パオロ・マッツァリーノ

道徳って何なのか、誰のために必要なのか、副読本を読んでみたら……。つっこみどころ満載の抱腹絶倒の話、意味不明な話、偏った話満載だった⁉

ちくまプリマー新書

113 中学生からの哲学「超」入門
——自分の意志を持つということ
竹田青嗣
自分とは何か。なぜ宗教は生まれたのか。なぜ人を殺してはいけないのか。満たされない気持ちの正体は何なのか……。読めば聡明になる、悩みや疑問への哲学的考え方。

148 ニーチェはこう考えた
石川輝吉
熱くてグサリとくる言葉の人、ニーチェ。だが、もともとは、うじうじくよくよ悩むひ弱な青年だった。現実の「どうしようもなさ」と格闘するニーチェ像がいま甦る。

167 はじめて学ぶ生命倫理
——「いのち」は誰が決めるのか
小林亜津子
医療が発達した現在、自己の生命の決定権を持つのは、自分自身？　医療者？　家族？　生命倫理学が積み重ねてきた、いのちの判断を巡る「対話」に参加しませんか。

292 ＱＯＬって何だろう
——医療とケアの生命倫理
小林亜津子
医療が高度化した現代、長生きだけが「幸せ」なのか？医療と人間性の接点をＱＯＬ（生活の質）に求め、人生百年時代の「よく生きる」を考える、生命倫理学入門。

276 はじめての哲学的思考
苫野一徳
哲学は物事の本質を見極める、力強い思考法を生み出してきた。誰もが納得できる考えに到達するためのその思考法のエッセンスを、初学者にも理解できるよう伝える。

ちくまプリマー新書

287
なぜと問うのはなぜだろう
吉田夏彦
ある／ないとはどういうことか？　人は死んだらどこへ行くのか――永遠の問いに自分の答えをみつけるための、哲学的思考法への誘い。伝説の名著、待望の復刊！

238
おとなになるってどんなこと？
吉本ばなな
勉強しなくちゃダメ？　普通って？　生きることに意味はあるの？　死ぬとどうなるの？　人生について、生まれてきた目的について吉本ばななさんからのメッセージ。

067
いのちはなぜ大切なのか
小澤竹俊
いのちはなぜ大切なの？――この問いにどう答える？子どもたちが自分や他人を傷つけないために、どんなケアが必要か？　ホスピス医による真の「いのちの授業」。

059
データはウソをつく
――科学的な社会調査の方法
谷岡一郎
正しい手順や方法が用いられないと、データは妖怪のように化けてしまうことがある。本書では、世にあふれる数字や情報の中から、本物を見分けるコツを伝授する。

074
ほんとはこわい「やさしさ社会」
森真一
「やさしさ」「楽しさ」が善いとされ、人間関係のルールである現代社会。それがもたらす「しんどさ」「こわさ」をなくし、もっと気楽に生きるための智恵を探る。

ちくまプリマー新書

079
友だち幻想
——人と人の〈つながり〉を考える
菅野仁
「みんな仲良く」という理念、「私を丸ごと受け入れてくれる人がきっといる」という幻想の中に真の親しさは得られない。人間関係を根本から見直す、実用的社会学の本。

185
地域を豊かにする働き方
——被災地復興から見えてきたこと
関満博
大量生産・大量消費・大量廃棄で疲弊した地域社会に、私たちは新しいモデルを作り出せるのか。地域産業の発展に身を捧げ、被災地の現場を渡り歩いた著者が語る。

240
フリーランスで生きるということ
川井龍介
仕事も生活も自由な反面、不安や責任も負う覚悟がいるフリーランス。四苦八苦しながらも生き生きと仕事に取り組む人たちに学ぶ、自分の働き方を選び取るヒント。

244
ふるさとを元気にする仕事
山崎亮
さびれる商店街、荒廃する里山、失われるつながり。転換期にあるふるさとを元気にするために、できることはなにか。「ふるさとの担い手」に贈る再生のヒント。

270
「今、ここ」から考える社会学
好井裕明
私たちがあたりまえと思って過ごしている日常を社会学を使って見つめ直してみよう。疑いの目を向けることで新しい世界の姿が浮かびあがってくる。

chikuma primer shinsho

ちくまプリマー新書302
市場《しじょう》って何《なん》だろう　自立《じりつ》と依存《いぞん》の経済学《けいざいがく》
二〇一八年七月十日　初版第一刷発行

著者　松井彰彦（まつい・あきひこ）
装幀　クラフト・エヴィング商會
発行者　山野浩一
発行所　株式会社筑摩書房
東京都台東区蔵前二-五-三　〒一一一-八七五五
振替〇〇一六〇-八-四一二三
印刷・製本　中央精版印刷株式会社
ISBN978-4-480-68324-3 C0233 Printed in Japan

乱丁・落丁本の場合は、左記宛にご送付ください。
送料小社負担でお取り替えいたします。
ご注文・お問い合わせも左記へお願いします。
〒三三一-八五〇七　さいたま市北区櫛引町二-六〇四
筑摩書房サービスセンター　電話〇四八-六五一-〇〇五三